Eugen Petersen

Trajan's tragische Kriege

Der erste Krieg

Eugen Petersen

Trajan's tragische Kriege
Der erste Krieg

ISBN/EAN: 9783744634809

Hergestellt in Europa, USA, Kanada, Australien, Japan

Cover: Foto ©ninafisch / pixelio.de

Weitere Bücher finden Sie auf **www.hansebooks.com**

TRAJANS DAKISCHE KRIEGE

NACH DEM SÄULENRELIEF ERZÄHLT VON

E. PETERSEN.

I. DER ERSTE KRIEG.

LEIPZIG,
DRUCK UND VERLAG VON B. G. TEUBNER.
1899.

Vorwort.

Aus einer Anzeige der neuen Ausgabe der Trajanssäule ist ein fortlaufender Kommentar der Bildchronik geworden, kurzgefafst, wo das Verständnis entweder leicht oder von Cichorius richtig erschlossen ist, eingehender, wo seiner Darlegung gegenüber eine andre Auffassung geltend zu machen war. Diese Abweichungen und Neuerungen schienen mir belangvoll genug, um eine besondere Veröffentlichung zu rechtfertigen. Die Erklärung antiker Bildwerke tritt gegenwärtig hinter anderen Aufgaben der Archäologie zurück; gar die Erklärung römischer, historischer Denkmäler ist erst neuerdings etwas in Angriff genommen. Was bei der Marcussäule überaus schwierig und unsicher ist, konnte bei der Trajanssäule vor allem der viel präziseren Sprache, welche dieses Werk redet, mit viel besserem Erfolge versucht werden. Man darf mit Sicherheit voraussagen, dafs eine so eigenartige und als Ersatz für die arg verwüstete schriftliche Überlieferung eintretende Urkunde wie das Säulenrelief in Zukunft öfter Gegenstand archäologischer wie historischer Übungen sein wird, nachdem es durch Cichorius' neue Ausgabe so viel zugänglicher gemacht und dem Verständnis so viel näher gebracht ist.

Cichorius hat allein zu thun unternommen, was für die Marcussäule, allerdings in kurz bemessener Frist, zweien zugeteilt war, einem Historiker und einem Archäologen. Dafs der Herausgeber und Erklärer der Trajanssäule, mehr Historiker als Archäolog, nicht allen Teilen seiner Aufgabe gleichmäfsig gerecht werden konnte, ist kein Vorwurf: es begründet aber den Versuch, alsbald auch von archäologischer Seite eine Beisteuer zu liefern, und zu einer solchen durfte sich berufen achten, wer mit römischer Kunst ein wenig vertraut, nicht nur an einem Gipsabgufs die Arbeit des Herausgebers nachprüfen konnte, sondern auch das Original täglich mit Augen zu sehen das Glück hat. Wie sehr diese Nacharbeit sich von Cichorius abhängig weifs, ist am Schlufs dieses ersten Teiles ausgesprochen, welchem der zweite nicht zu lange nach Erscheinen von Cichorius' zweitem Teile folgen soll.

Rom, den 1. März 1899.

E. Petersen.

Das Relief der Trajanssäule war durch die grofse Fröhnersche Ausgabe La Colonne Trajane, Paris 1872, weiteren Kreisen selbst der Archäologen und Historiker schwerlich genügend bekannt geworden. Denn einen so grofsen Fortschritt jene erste Wiedergabe in Lichtdruck gegenüber dem Stiche S. Bartolis in Bezug auf Treue der Wiedergabe bedeutet, so weit stand sie durch Seltenheit und Unhandlichkeit der Bände nach, und wenn schon die aufserordentliche Länge des Bildstreifens eine starke Anforderung an Geduld und Aufmerksamkeit des Beschauers stellte, so war die Schwierigkeit des Verstehens im einzelnen, des Überblickens im ganzen noch wesentlich erhöht durch die starke Zerstückelung bei so grofsem Mafsstab, und durch die Unvollkommenheit der Reproduktion mit zu wenig vom Grunde sich abhebendem Relief.

Einen grofsen Fortschritt fast nach allen Seiten bedeuten nun die Reliefs der Trajanssäule, herausgegeben und historisch erläutert von Conrad Cichorius, im Verlage von G. Reimer, von deren Tafeln mit Kommentar die erste Hälfte, den ersten dakischen Krieg umfassend, 1896 erschienen ist. Die Photographien sind zwar wiederum von den Napoleonischen Gipsabgüssen genommen, und zwar von dem in zwei grofsen Sälen des Lateran aufbewahrten Exemplar; aber in wirksamer Beleuchtung aufgenommen, in einem dem Marmor ähnlichen Ton gedruckt, lassen die Abbildungen den Gips einigermafsen vergessen. Indem ferner nicht je nur zwei bis drei der Gipsplatten, in welche das Ganze beim Abformen zerstückt werden mufste, sondern meist deren vier auf jeder Tafel vereinigt sind, überblickt man jeweils einen gröfseren Zusammenhang. So umfafst die erste Hälfte des Ganzen nur 57 Tafeln, die in bequemer Gröfse, auf nicht zu starkem Karton gedruckt, unschwer zu handhaben sind. Umgekehrt ist allerdings das Verhältnis beim Text: statt eines dünnen Folianten Fröhners wird das Werk von C. nicht weniger als fünf Oktavbände füllen, davon zwei, II und III der Kommentar zum Relief, deren erster, den ersten dakischen Krieg umfassend, allein vorliegt.

Über die Darstellung des ersten Krieges nun jetzt schon, bevor noch die dem I. Bande vorbehaltenen Untersuchungen über die Geschichte der Kriege u. s. w. erschienen sind, sich zu äufsern, ist doch aus dem Grunde nicht verfrüht, weil es nötig ist, etwas geltend zu machen, was in C.'s Behandlung zu kurz gekommen ist.

C. hat mit unübertrefflicher Sorgfalt das Relief von einem bis zum andern Ende gemustert, mit nie ermüdender Aufmerksamkeit jeden Zug angemerkt, auch Eigentümlichkeiten der Technik;[1] und was er beobachtet hat, beschreibt er mit nur allzu gewissenhafter Ausführlichkeit. Dafs jedes Bild zuerst in allen Einzelheiten beschrieben, danach erklärt wird, entspringt aus dem gewissenhaften

---

[1] Man hat oft Gelegenheit, C.'s genaue Beobachtung zu bewundern, auch ohne dafs man seine daraus gezogenen Schlüsse billigen könnte. So folgert C. z. B. aus einigen Inkongruenzen von Reliefteilen über und unter einer Trommelfuge (am Arm eines Arbeitenden Pl. 30, unterhalb der Wagen Pl. 123 f., am Panzer eines Arbeitenden links Pl. 130), dafs das Relief nicht erst an der aufgerichteten Säule (vgl. Marcussäule S. 39 und Archäol. Anzeiger 1896 S. 10), sondern schon unten ausgeführt sei, entgegen aller antiken Praxis an solchen Werken, selbst der so viel einfacheren bei Kannelierung von Säulen; entgegen zumal der überall sonst absoluten Zusammenpassung an den Fugen. Es liegt

Bemühen, alles Thatsächliche festzustellen, aber es ergiebt eine ganz überflüssige Weitläuftigkeit, ermüdend durch beständige Wiederholungen. Eine Beschreibung neben guter Abbildung hat doch nur insoweit einen Zweck, als sie richtig sehen lehrt, d. h. interpretiert. Also war die Beschreibung zu sparen oder zu kleinen Teilen der Erklärung einzuflechten. Die specielle Interpretation, d. h. die Anwendung des generell Erkannten auf einen bestimmten Fall, liefs sich dabei immer noch besonders geben. Aus der lästigen Weitläuftigkeit C.'s sehnt man sich oft heraus nach Fröhners knappen, klaren, das Wesent-

auf der Hand, dafs es unmöglich gewesen sein würde, das Abdrücken vieler Reliefteile zu vermeiden, wenn man die Riesentrommeln schon mit völlig ausgeführtem — denn eine Ausführung nur im Groben unten würde für C. nicht genügen — aufeinander gelegt hätte. Nicht minder begreiflich ist, dafs grade die Fuge, ohne Kohäsion, bei der Ausführung kleine Abbrüche oder sonstige Störungen verursachte. Sind solche doch auch sonst zu bemerken, indem öfters ein Teil des Reliefs auf Kosten eines andern anstofsenden herausgearbeitet ist, so Pl. 83 der Schiffbort unter dem das Tau zusammenlegenden Mann, 99 die Mauer unter den Füfsen des Mädchens. Auf Pl. 186 stehen die zwei Füfse auf dem Gefallenen mit andrer Inkongruenz. Grade diese letzten Beispiele zeigen, miteinander verglichen, dafs C. mit Unrecht aus ungleicher Ausführung der Figuren und des Beiwerks an Terrain und Baulichkeiten, z. B. S. 196, 213, 364, folgert, dafs beides von verschiedenen Händen ausgeführt sei. Dafs viele und auch ungleiche Hände an der Ausführung beteiligt waren, ist selbstverständlich, und anderswo besser von C. erwiesen durch Hinweis auf die ungleiche Behandlung der von den Menschen gehaltenen Waffen oder Instrumente. Eine Vorzeichnung habe ich (Marcussäule S. 98 f., Arch. Anz. 1896 S. 10) angenommen, aber nicht in dem Sinne wie C., welcher an der Säule selbst öfters die vom Ausführenden nicht genau befolgte Vorzeichnung zu erkennen geglaubt hat, so z. B. an den Dächern der Wachthäuser I II, wo die eingerissene Linie aber nur ein verfehlter — wie so mancher andre — perspektivischer Versuch ist, auch die hintere Ecke des Daches zu zeigen; oder bei dem Lager LXII S. 288, wo ebenfalls die obere Linie nur die Dicke der Mauer angiebt.

liche hervorhebenden Beschreibungen, denen freilich dann abgeht, was C.'s Hauptziel war. Denn die genaueste Feststellung alles Thatsächlichen, die Beobachtung der Charakteristik des jeweiligen Schauplatzes der Handlung, sodann alles Militärischen, endlich der Barbarentypen auf einer wie der andern Seite, auch der den Trajan begleitenden Offiziere und Freunde, alle diese Beobachtungen bilden die Grundlage eines, wie nie vorher, mit Energie, Scharfsinn und Gelehrsamkeit gemachten Versuches, die Bilderchronik in eine Geschichtserzählung umzusetzen. Die weder zahlreichen noch ausführlichen Angaben der Schriftsteller sind dazu meist treffend herangezogen, und was C. angestrebt hat, das darf man für einen großen Teil des ersten Krieges im wesentlichen als gelungen ansehen.

Die gestellte Aufgabe war, die lange Bilderreihe in ihrem inneren Zusammenhang zu verstehen, vor allem die Orte und Gegenden zu erkennen, wo die einzelnen Handlungen und Begebenheiten sich abspielen, und so den Weg oder die Wege zu finden, auf welchen die römischen Heere vorgerückt sind. Man weiß nun aber im voraus, wie beschränkt die Mittel, namentlich des antiken Reliefs, sind, zur Wiedergabe der die lebendige Handlung umgebenden 'toten' Natur. War dieselbe nun genötigt, eine mehrere Jahre umfassende Abfolge von gelegentlich, sogar auf verschiedenen Schauplätzen gleichzeitig geschehenden Dingen darzustellen, und zwar in dem engen immer gleichen Rahmen eines schmalen Reliefbandes, mit stetig, oder in der Regel wenigstens, gleich bleibender Hauptbewegung von links nach rechts, so konnte diese Reliefkunst kaum umhin, zu allerlei konventionellen Ausdrucksmitteln zu greifen, welche sie so zu sagen der Schrift näherbringen mußten. Daß dieses Erstarren der freien Bewegung eines Kunstwerks zu typischer Bilderschrift von der Trajanssäule zur Marcussäule einen großen

Die Erklärung.

Fortschritt gemacht hat, ist anderswo (Die Marcussäule S. 101 ff.) gesagt worden; die Anfänge sind aber auch schon an der Trajanssäule unverkennbar. Nun könnte man meinen, daſs eben wegen des Hervortretens dieses Elements, und dadurch, daſs für die besondere Aufgabe, die an der Trajanssäule zu lösen war, sich auch eine eigentümliche Ausdrucksweise bilden muſste, daſs deswegen auch die Auslegung dieses Reliefs nicht sowohl allgemein archäologische Schulung, als vielmehr nur ein besonderes Studium dieses so umfangreichen Werkes voraussetze; daſs folglich der Historiker, wofern er sich nur so in das Werk einlebe, wie es C. gethan hat, mehr als ein Archäolog zur Interpretation des Säulenreliefs berufen sei. Allein es wird sich zeigen, daſs es eben das richtige, nicht an einem Werke vorzüglich, sondern an alter Kunst überhaupt geübte Sehen ist, was bei der vorliegenden Lösung des Problems nicht selten zu kurz gekommen ist. Und wenn nun wohl niemals die Lösung eines Problems möglich ist ohne steten Ausgleich zwischen vorauseilender Divination und behutsam nachgehendem Prüfen, und im vorliegenden Falle die erstere dieser beiden Thätigkeiten dem von allgemeinen historischen und topographischen Erwägungen ausgehenden Historiker gehört, die zweite aber Sache des scharf und mit sicherer Praxis sehenden Archäologen sein muſs, so begreift man, wie leicht es in diesem Falle war, daſs, weil nun einmal Cichorius mehr Historiker als Archäologe ist[1], der schwächere Teil dem stärkeren unterlag, daſs das Sehen dienstbar wurde und die Unbefangenheit des archäolo-

---

[1] Es wäre kleinlich, ihm Versehen vorzuwerfen, wie den Pl. 47 für einen Armring gehaltenen Zügel; öfters, z. B. 72, 126, 148 die eingebogenen Finger an der Hand des Kaisers oder seines Begleiters für einen Ring; 60, 89, 95 den Knoten der Keule für eingeschlagene Nägel; S. 363 die Zotteln am Ziegenhals für Glöckchen u. s. w.

gischen Urteils gelegentlich verloren ging. Das wird sich schon in der folgenden Übersicht der ersten Hälfte des Reliefs, also des ersten dakischen Krieges zeigen; aber es ist auch vorweg durch einige allgemeine Bemerkungen zu begründen.

Ein für richtige Erfassung des Zusammenhangs der Bilderreihe sehr wesentlicher Punkt ist die Abteilung der einzelnen Bilder. Im Kommentar zur Marcussäule S. 40 ff., ist die ungleiche Schärfe der verschiedenen Scenentrennungen im Relief hervorgehoben.[1] Auch C. ist es natürlich nicht entgangen, dafs öfters Scenen, obgleich zu trennen, doch enger zusammenhängen; und anderswo sieht er nachträglich ein, dafs was er getrennt hat, vielleicht besser ungetrennt wäre. Im allgemeinen fehlt C. aber der Sinn für die verschiedene Schärfe des Einschnitts, weil er die in der Komposition selbst liegenden Gründe, hier zu trennen und dort zu verbinden zu wenig beachtet; ja selbst ein so in die Augen fallendes Kunstmittel wie die Abkehr der Figuren, geschweige denn die an den besten Traditionen griechischer Kunst hängende Symmetrie in der Anordnung grofser Hauptbilder, kommt bei seiner Abteilung der Scenen kaum je in Betracht. Allzu einseitig hält sich C. vielmehr an die äufserlichen Trennungsmittel, deren er einige, lediglich von jenem Verlangen nach konventionellem Ausdruck getrieben, selber gestempelt hat.

Ein oft gebrauchtes und seit alten Zeiten, z. B. dem Fries von Trysa, übliches, also wahrscheinlich aus ostgriechischer Malerei herstammendes Trennungsmittel sind Bäume, namentlich gewisse ganz grade, fast laublose

---

[1] Man vergleiche an der Trajanssäule z. B. den engen Anschlufs beim Wechsel wie XIV f., XXI—XXV, XXIX f., XXXIII f. u. s. w. mit den scharf getrennten Bildern XX f., XXV f., XXVII f., XXX f., XXXI f. u. s. w.

Stämme. Wo aber von mehreren durch die Darstellung selbst, da der Schauplatz der Handlung ja grofsenteils Waldgebirge ist, geforderten Bäumen irgend einer als Scheide zweier Bilder beansprucht wird, da darf man billig nach anderen Gründen der Trennung fragen. Denn dafs C. zu wenig getrennt hätte, wird man kaum behaupten wollen; nicht selten aber, dafs er Zusammengehöriges auseinandergerissen. Er hat dazu, wie gesagt, besondere Merkmale ersonnen — anders kann man es kaum nennen —, die künstlerischem nicht blofs, sondern jedem natürlichen Empfinden schnurstracks zuwiderlaufen. So die verschiedene Modellierung des Wassers, ohne dafs etwa das Wasser selbst verschieden wäre; kaum besser auch das verschiedene Niveau, auf welchem dicht nebeneinander befindliche Figuren stehen, da doch so häufig unzweifelhaft innerhalb derselben Scene unmittelbar nebeneinander hoch und tief stehende Figuren sich finden. Es kann natürlich wohl vorkommen, dafs mit dem Bilde auch das Niveau wechselt; da ist aber immer auch in der Komposition und sonst der Einschnitt markiert. Einschnitte dagegen, wie sie C. häufig macht, würde man gar nicht verstehen, wenn man nicht bald fände, dafs hier das Sehen der historischen Kombination dienstbar gemacht worden. Dies ist namentlich da handgreiflich der Fall, wo, wie XLVIII — L, ein ununterbrochener Zusammenhang aufgelöst wird, um die verschiedenen Stücke auf weit auseinanderliegende Orte zu verteilen, weil sonst allerdings der beabsichtigte Nachweis kaum zu führen, die dem Trajan zugeschriebene Marschroute schwerlich zu erreichen wäre. Hier ist es allerdings Pflicht des Archäologen, die Geschichte vor Abirrungen zu bewahren.

Bei den Anforderungen, die man an die Deutlichkeit des Reliefbildes stellt, hat man sich stets gegenwärtig zu halten, zu welcher Einseitigkeit in des Wortes eigentlichster Bedeutung der Darsteller genötigt ist. Kein gemaltes oder Reliefbild wird die räumliche Umgebung anders als im Hintergrund, und anschliefsend mehr oder weniger an den Seiten zeigen; bei dem Säulenrelief mit seiner kontinuierlichen Darstellung ist von seitlicher Umgebung nur wenig möglich. Dasselbe ist aber noch in andrer Weise gebunden dadurch, dafs durch die reguläre Bewegung der Römer nach rechts dem Darsteller benommen ist, sich die charakteristischeste Seite der Umgebung auszuwählen: er mufs vielmehr fast ausnahmslos den Hintergrund zeigen, welchen die vorgehenden Römer zu ihrer Linken hatten. Wo keine Bewegung ist, wie in den ersten Bildern der Wacht an der Donau, da zeigt sich natürlich das von den Römern bewachte, hinter ihnen liegende rechte Donauufer. Von der Brücke an steht aber das linke Ufer und sein Hinterland vor Augen. Solcher Übergang von der einen auf die andre Seite, der mehrfach stattfindet, heischt besondere Aufmerksamkeit des Beschauers und macht gelegentlich noch etwas mehr als gewöhnliche Anforderung an sein Vorstellungsvermögen. Wo der Donaustrom selbst im Bilde ist, sind meist auch, als zur Sache gehörig, Fahrzeuge dargestellt, Kriegs- oder Transportschiffe. In solchen Fällen nun aus der Richtung des Schiffes, sofern die Fahrtrichtung sich vermuten läfst, auf das dargestellte Ufer zu schliefsen, oder umgekehrt, sofern gewifs oder wahrscheinlich, ob das rechte oder linke Ufer dargestellt ist, auf die Richtung der Fahrt, stromauf oder -ab, zu schliefsen, wie C. es thut, wird schon durch die Beobachtung widerraten, dafs ausnahmslos alle Schiffe im ganzen Säulenrelief rechtshin, also mit dem Steuer links liegen. Dafs die in den ersten Bildern am rechten Donauufer ankernden Transportschiffe rechtshin, d. h. gegen den Strom ankern, kann also kaum beweisen, dafs diese Schiffe vom Pontus heraufkamen; auch deshalb nicht, weil auch heute Fahrzeuge stets gegen den Strom ankern, also vermutlich auch eine Wendung machen müssen, wenn sie mit dem Strom anlegen oder abfahren. Aus beiden Gründen erklärt es sich, wenn in einigen Bildern, deren richtige Auffassung von besonderer Wichtigkeit ist, die Richtung der Schiffe in Widerspruch mit der aus dem ganzen Zusammenhang sich ergebenden Uferansicht zu stehen scheint.

Viel Mühe hat C. auf genaue Beobachtung der Abzeichen verschiedener Truppengattungen verwandt. Die Signa der Legionen und die der Prätorianer hat v. Domaszewski unterscheiden gelehrt. Die Uniform der Legionare und Prätorianer hält man an der Trajanssäule für gleich, beide mit dem gleichen Riemenpanzer angethan, nur durch die Signa zu unterscheiden. Dabei ist freilich auffällig, dafs bei der Hauptparade LXXV nur Prätorianersigna erscheinen, von der Truppe aber nur Auxilia aufgestellt sind; desgleichen, dafs die nächste Bedeckung des Kaisers stets die für Auxilia erklärte Truppe, nie Garden bilden.[1]

Sehr scharf unterscheidet C. die Adler, nicht nur nach ihren Ehrenzeichen, wie Krone und Halsband, was nur IV beim Ausmarsch und LIII bei der Lustration vorkommt, sondern nach ihrer mehr oder weniger erhobenen Flügelhaltung, was mir sehr bedenklich scheint eben wegen der Übergangsformen. Bemerkenswert ist auch, dafs der Adler im zweiten Krieg so selten ist.[2]

---

[1] Vgl. XIV, XVIII, XXIV, LI (LVIII? ähnlich LXIII) LXVIII, LXXII Prätorianer in einem Teil der *loricati* zu sehen empfehlen dagegen V, XXIV, XLII, LIV und LXXIII.

[2] Zweimal, V und XXVI fehlt auf der Stange, über dem Aufsatz der Adler. Richtig hat C. S. 40 und 134 abgelehnt, diesem Umstand besondere Bedeutung beizulegen. Aber unrichtig ist es, den Adler beidemal erst später abgebrochen zu glauben. Das verbietet die Beschaffenheit des Reliefgrundes. Es scheint

Ebenso muſs die groſse Verschiedenheit der dargestellten Signa sehr zur Vorsicht mahnen. Während Fröhner aus Signa und Schildzeichen Schlüsse zu ziehen ablehnte, operiert C. überall damit, in wichtigen Fällen gewiſs mit Unrecht. Die Genauigkeit in der Darstellung dieser wichtigsten militärischen Kennzeichen erscheint schon darum nicht sehr groſs, weil genau dieselben kaum je wiederkehren; und nicht bloſs die Legionssigna, welche C. genauer Beachtung würdigt, sondern namentlich auch die Prätorianersigna erscheinen fast immer verschieden: sowohl hinsichtlich der Krönung, als der Ordnung und Zusammensetzung der Elemente und sogar durch die Zahl der Imagines, deren drei, zwei, eines und gar keines vorkommen.[1] Aber, wie gesagt, auch die von C. mehr betonten Legionssigna werden höher hinauf an der Säule seltener, und ganz übereinstimmende finden sich überhaupt in zwei verschiedenen Bildern nicht, auſser XXII, wo sie gleich XXVI f.; und sieht man von der Zahl der Phalerae ab, auch IV gleich XLVIII. Daſs also die meisten je nur einmal vorkommen, daſs so häufig gar keine Signa dargestellt sind, daſs wo solche, meist nur von einer Truppengattung, erscheinen, oft doch

---

keine andre Erklärung möglich, als daſs schon bei Ausführung des Reliefs der Adler Schaden nahm und deshalb weggearbeitet wurde, um etwa nur in Malerei dargestellt zu werden.

[1] Man kann solche Verschiedenheiten nicht mit inzwischen hinzugekommenen Dekorationen erklären. Denn wie wäre das möglich in VIII gegenüber V? In der (unten zu erläuternden) Bilderreihe von XXXIII u. a. könnte man so etwas zu sehen meinen. Die Signa jenes Bildes sind nach den Erfolgen von XXXVII und XXXVIII, an welchen freilich Prätorianer unbeteiligt zu sein scheinen, in XL um zwei Elemente bereichert, nämlich um ein *vexillum* hinter und einen Kranz unter dem obersten *scutum*, ferner um eine *phalera* (ungewöhnlich) unter der zweiten *imago*, doch auch um eine *corona* oben ärmer. Aber in der auf die Schlacht folgenden Allocutio sind die Signa wesentlich einfacher.

verschiedene Truppen verbunden gedacht werden sollen, nach C. wenigstens, das alles macht die Verwertung dieses Kennzeichens schon von vorneherein verdächtig. Allerdings kombiniert C. mit den Signa nun auch die Schildzeichen, in deren Darstellung die ausführenden Bildhauer viel Bemühen zeigen. Richtig wird geltend gemacht, dafs an Stellen, wo man eine geschlossene Einheit der Truppe am ehesten voraussetzen darf, wie bei dem Brückenübergang IV und der Testudo LXXI, die Schildzeichen der *Scuta* überall gleich sind. Aber auch hier macht doch stutzig, dafs für verschiedene Truppen ganz Verschiedenes gelten soll. Die Schildzeichen der irregulären Auxilia sollen ganz willkürlich und individuell sein (S. 209, 1); bei den regulären dagegen werden kohortenweise gleiche vorausgesetzt ohne Beweis, der aber wohl in späterem Bande folgen wird (S. 119, 142, 347); ebenso bei den Prätorianern; nur bei den Legionen wird dasselbe Emblem für die ganze Legion angenommen. Meistens wird aus diesen Zeichen allerdings nur das erschlossen oder durch sie bestätigt, was ohnehin sich aus dem Zusammenhang ergiebt, dafs nämlich noch dieselbe Armee oder Truppe wie vorher im Bilde ist. So S. 72, 102, 174, 203, 209, 250, 270, 290, 299, 309, 324, 331, 338, 348. Es werden aber auch weitergehende Schlüsse daraus gezogen, so S. 243 und 250, und namentlich wird S. 131 versucht, einen wichtigen Punkt in der Geschichte des ersten Kriegsjahres mit diesen Mitteln festzustellen. An diesem Beispiel mag hier das Verfehlte des Bemühens dargelegt werden, um darauf später zurückgreifen zu können.

C. will beweisen, dafs die Armee, welche in XXVI durch einen Flufs geht, und dann XXVII vom Kaiser angesprochen wird, eine andre ist als die in der vorausgehenden Bilderreihe gesehene, nämlich die seit IV nicht wieder gezeigte Ostarmee. Man sollte denken, dafs wenn in der Darstellung der bedeutsamsten aller militärischen Abzeichen, der Fahnen, mit der von C. vorausgesetzten Genauigkeit verfahren wäre, dafs dann die nach IV zuerst in XXVI wiedererscheinende Ostarmee einfach durch die gleichen, inzwischen nicht gesehenen Fahnen gekennzeichnet würde. Das ist aber keineswegs der Fall. Die Fahnen von IV erscheinen in XXVI nicht, ihnen ähnliche dagegen bereits in XXIV. Wesentlich dieselben wie in XXVI werden auch schon in V, X und XXII gesehen. Nach den Fahnen zu urteilen wäre also die Truppe, welche in XXVI durchs Wasser geht, grade nicht die Ostarmee von IV, sondern vielmehr zu Trajans Westarmee gehörig. Aber C. stützt sich auf die Schildzeichen, und die Ostarmee von IV in XXVI wiederzuerkennen soll der einzige Soldat genügen, der seine Ausrüstung im Scutum auf dem Kopfe trägt und dabei soeben noch den Kranz, das Schildzeichen der Legionare von IV sehen läfst. Doch auch gegen dieses bescheidenste Wiedererkennungszeichen erheben sich drei Einwendungen: **erstens** ist der Kranz hier nicht gleich dem in IV, und zudem fehlen hier die in IV vorhandenen Haken in den Ecken; **zweitens** scheinen, soweit man sehen kann, auch die Scuta der Westarmee in IV—V nicht verschieden von denen der Ostarmee, wenigstens grade die Haken in den Ecken erkennt man auch bei jenen; **drittens** fehlt ein Kranzschild, gleich dem von XXVI auch nicht in XII (der mittlere auf Pl. 32).

Noch weniger zu billigen ist die Operation, mit welcher C., wiederum durch Schildzeichen, den andern Teil seiner Behauptung zu stützen sucht, dafs nämlich die Truppe, welche in XXVI auftritt, von V bis XXV nicht sichtbar gewesen sei. Wohl finde sich das fragliche Unterscheidungszeichen am Scutum, der 'Wulst', auch in jener Scenenreihe, aber bei andern Fahnen XXIV. Dieses Zeichen müfste also zwei Legionen eigen gewesen sein. Gut, aber es erscheint doch nicht blofs ohne Fahnen dabei, wie XVIII, XX, XXI, sondern auch X bei denselben Fahnen wie XXVI. Überhaupt aber ist es mifslich, grade mit diesem Zeichen so zu operieren, wie C. für gut hält. Er nennt dasselbe S. 51, 1 unzutreffend einen Wulst, da es einfach die gedrehte Flamme des Blitzes ist,[1] wie er auch besser von Blitzesflügeln als von Adlerflügeln spräche bei dem regelmäfsigen Blitzornament der *Scuta*. Dies fragliche Abzeichen, das von dem *umbo* nach beiden Seiten die Querachse des Schildes markiert, ist das gewöhnlichste aller Schildabzeichen an dieser Stelle, ganz begreiflich, da es, nur verkürzt, dasselbe Symbol ist, was, länger, die Längenachse nach oben und unten bildet. Besonders in den oberen Teilen des Säulenreliefs wird es immer mehr vorherrschend; aber auch in den unteren ist es sehr fraglich, ob, ich will nicht sagen alle,[2] aber vielleicht die meisten der von Cichorius abgebildeten Querachsenornamente, anstatt wirkliche Kennzeichen der verschiedenen Legionen zu sein, nicht vielmehr den Ausführenden zuzuschreiben seien, als verschiedene Formeln für dieselbe Sache, nämlich den Blitzstrahl.[3] Hat doch C. selbst dasselbe Symbol auch Prätorianern zuerkennen wollen.

Indem ich nun im folgenden den Verlauf zunächst des ersten dakischen Krieges zu überblicken versuche, wie derselbe sich im Relief der Säule darstellt, hebe

---

[1] Grofs in dem Blitz an der Marcussäule XI S. 56.
[2] So z. B. die Peltaform Pl. 81, zumal diese auch als Krönung der Signa vorkommt.
[3] So nicht blofs der ganz dünne, aber noch mit plastischer Drehung ausgeführte Strahl in X, XX, XXIII, sondern auch der glatte C. Abb. S. 174, 324; auch S. 213 aus Doppelvolute hervorgehend, mit Pfeilspitze S. 255; ferner die Spitze aus Doppel-

ich nur das Wesentliche hervor: kurz da, wo mit C. in Übereinstimmung, ausführlicher nur, wo seine Auffassung nicht gutzuheifsen ist.[1]

I ff. Man sieht das rechte Donauufer mit den Wachthäusern oder Burgen, wie sie dort von 15 m im Quadrat an[2] in Ruinen noch kenntlich sind; nach dem fünften ist die Uferlinie unterbrochen, wie wenn ein Nebenflufs einmündete. Nach rechts fortschreitend, geht die Darstellung natürlich von Ost nach West, und auch noch die beiden am flachen Ufer dicht bei einander liegenden Orte,[3] wo wir auf Donauschiffen Bedarf für die Armee angekommen und ausladen sehen, müssen östlich von der hochgelegenen Burg gedacht werden. Scenentrennung hat bis hier noch keinerlei Bedeutung. Aber auch das Bestreben von C., die beiden Gebäude links von der Burg wegen des Zwischenbaus, den er zu dem Ende wider allen Augenschein für einen Aquädukt ausgeben möchte, oder wegen der zwei Bäume dahinter, oder des 'Strafsennetzes' (!) davor als weit abgelegenen Ort anzusehen, ist unmöglich. Regelmäfsig stehen aufsen neben den Kastellen

---

volute S. 243, an die alte Blitzblume erinnernd, dann ein Blattfächer ohne Volutenkelch S. 210, oder Doppelvolute ohne Inhalt S. 62 und 89. Ungleich dick ist der Querstrahl auch bei den zwei nebeneinander stehenden Soldaten in XXI. Ähnliche Varianten weist auch der Längenstrahl auf, dieser von C. gar nicht berücksichtigt.

1 Aufser Fröhners grofser Ausgabe führe ich gelegentlich auch seine *Colonne Trajane* 1865 an; ferner S. Reinach, *la colonne Trajane* 1886; J. Dierauer, Beiträge zu einer kritischen Geschichte Trajans in Büdingers Untersuchungen I. Pollen, *the Trajan column* war mir dagegen nicht zur Hand.

2 Vgl. Kanitz, Röm. Studien in Serbien. Denkschr. Wien. Akad. Phil.-hist. Cl. XLI S. 30.

3 Häuser scheinen Orte zu bedeuten. Eines hat die Thürüberdachung, von welcher Wiegand, Puteolan. Basis XX. Supplbd. d. Jahrb. f. Phil. S. 721 Beispiele gesammelt hat.

die Vorstädte.¹ Noch verfehlter ist es aber, das Thor, aus welchem IV die römische Armee ausrückt, von der Burg trennen zu wollen und für ein unten am Flufs gelegenes Brückenthor zu erklären.² Es steht eben nicht am Wasser, sondern der Felsen verdeckt den von oben herabführenden Weg. Das Thor ist ein Teil der Burg, das dritte sichtbare, nur deshalb so viel gröfser, weil eben die Soldaten durchmarschieren. Das wird noch gewisser dadurch, dafs, wie C. selber glücklich erkannt hat, dieselbe Burg wieder erscheint in XLVII und XLVIII — denn leider hat C. auch hier falsch abgeteilt — mit denselben Thoren. Hier ist das dritte oben gelegen, neu hinzugekommen ein Brückenthor (von C. irrigerweise mit jenem in IV identifiziert), das nun wirklich unten am Wasser liegt. Durch andre Erklärung der Scenenfolge, an deren Anfang die zweite Darstellung jener selben Burg steht, wird sich später ergeben, dafs die Burg nahe dem grofsen *pons Traiani* liegt, aber nicht wohl selbst das Kastell *Pontes* sein kann.

Mit treffenden Gründen hat C. auseinandergesetzt, dafs die zwei Brücken (keineswegs eine einzige geteilte), auf denen die Römer den Strom passieren, hier in weiterem Abstande voneinander zu denken sind; die vordere³ — immer noch bedeutet von links nach rechts an dem von Norden her gesehenen Stromufer von Ost nach West — weiter östlich, stromab, die andre westlich, stromauf. So ist es, trotzdem der Trennungsstrich

---

1 So z. B. XXXIII, XXXV, XXXVI vgl. unten.

2 Das ist auf dem entsprechenden Bilde der Marcussäule allerdings der Fall, aber hier hat die Brücke auch an jedem Ende ihr Thor.

3 Dafs sie von der Rechten des Gottes gestützt werde, ist kaum zu erkennen. An der Marcussäule kann die Handbewegung nur den Übergang gewährend verstanden werden.

von C. falsch gesetzt ist, im Text berichtigt S. 40, und trotzdem die höher aufragenden sechs Soldaten auf der jenseitigen Brücke gehend zu denken sind. Wie auf der diesseitigen, nach den Signa zu schliefsen, eine Legion übergeht, so auf der jenseitigen Garden (auf jeder aufserdem eine *vexillatio*), und unmittelbar vor den letzteren Bläser, *equites singulares* und, durch diese schon kenntlich gemacht, ganz vorn, da der Feind noch fern, der Kaiser ganz allein. Da nun der Marsch der von Trajan geführten Armee, nach dem wichtigen Fragment, das Priscian (s. Peter *histor. rom. fragm.* S. 320) erhalten hat: *Traianus in I Dacicorum: Inde Berzobim, deinde Aizi processimus*, im ersten Feldzug über Berzovia und Aizis ging, und dem entsprechend bald *Apus fl.* und weiterhin Arcidava mit Wahrscheinlichkeit im Relief erkannt werden, so darf in der That angenommen werden, dafs die zweite, weiter oberhalb geschlagene Brücke eben bei Lederata unfern Viminacium sich befindet, während die vordere weiter abwärts nach Dierauer S. 81 bei Tierna, nach C. bei Pontes läge.

Allerdings mufs nun schon hier die bestimmte Erwartung ausgesprochen werden, dafs, wenn zwei Armeen an verschiedenen Stellen über die Donau gegangen sind, und damit so zu sagen zwei Fäden der Erzählung angesponnen werden, wir auch beide Fäden weitergesponnen und miteinander verknüpft sehen werden. Dies besser nachzuweisen als es C. gelungen, wird ein Hauptpunkt der nachfolgenden Darlegung sein.

Die Darstellung folgt von V an zunächst der von Trajan geführten Armee.

VI wird Kriegsrat gehalten;[1] VII einige Vexilla Reiterei voraufgeschickt; VIII die *Lustratio*, die regel-

---

[1] Von den zwei zumeist rechts Stehenden ist der linke jedenfalls ein Liktor, und der andere in kurz getragener Toga

mäfsig zu Beginn einer Campagne übliche Reinigung mit Umzug der *Suovetaurilia* um das Lager, in welchem rechts Legions-, links Prätorianersigna aufgepflanzt sind; jene vielleicht einer Legion, die hier vorgefunden wurde. IX erscheint ein Barbar, der mit einem grofsen, runden, siebähnlichen Gegenstand auf einem Maultier reitend gekommen war, jetzt aber beim Anblick des zwischen seinen Freunden auf einer Anhöhe stehenden römischen Kaisers vor Schreck von seinem Tiere fällt:[1] eine nicht unfeine Umkehr des Barbarentrotzes in sein Gegenteil. Denn nach dem, was C. treffend auseinandergesetzt hat, kann man kaum umhin, hier, wie schon Fabretti that, den Buren mit der auf einen Povist geschriebenen Warnung zu erkennen, mag auch Dios (oder Xiphilinos' 68, 8) ταῖς Τάπαις ... πλησιάσαντι minder zutreffend sein als πλησιάζοντι wäre.

X zeigt dann eine Allocutio und in XI XII eine komplizierte Befestigung eines Flufsüberganges, welche C. bis auf ein paar Punkte vortrefflich und durch eine seiner sehr zweckmäfsigen halb grundrifsmäfsigen Umzeichnungen auch sehr anschaulich erklärt hat. Die Richtung gegen

---

nach seiner Stellung, halb hinter dem Liktor, nicht ein von Trajan Angeredeter; ihm gleicht der links neben jenem Liktor stehende.

1 Dies leugnet C., und es ist richtig, dafs die Haltung des linken Beines nur etwa, wenn der Mann rücklings auf dem Tiere gesessen hätte, sich erklärt. Ich fürchte, dafs C.'s Leugnung des Abfallens seiner Deutung des Mannes neben dem Saumtier in XV zuliebe geschehen ist, worüber dort zu sprechen ist. Die Beinhaltung ist ja aber sonst überhaupt nicht zu erklären; denn wie ist es möglich zu sagen: er sitze und strecke ein Bein aus? Man braucht aber nur anzunehmen, dafs bei Übertragung der Vorzeichnung ins Relief rechtes und linkes Bein vertauscht worden, so ist das Abfallen so dargestellt wie anderswo, z. B. auf den Amazonensarkophagen Robert II. 77, 79[a], 84 oder auf dem Galliersarkophag Amendola *Mon. d. Inst.* I XXX. Der Zug hier ist gut erklärt von Fröhner durch den Sarmaten Zizais (Ammian XVII 12, 9) der *uiso imperatore .. pectore toto procubuit exanimis stratus.*

den Feind, d. h. doch im allgemeinen gegen Norden, wird durch die im Vordergrund stehenden, gegen den Beschauer blickenden Posten angezeigt. Richtig hat also C. hieraus geschlossen, daſs die Römer, welche natürlich von links her über die Brücke gekommen sein müssen, jenseits rechts umbiegend durch das Thor vorn in der Mauer, rechts von der Brücke, weiter marschieren werden dahin, wohin auch der mit seinen Offizieren sich beratende Trajan ausschaut. Da dieser sein weiterer Weg anscheinend am Fluſs entlang thalauf gehen wird, so sind die Römer hier vom linken auf das rechte Fluſsufer übergegangen, um zunächst auf diesem weiter aufwärts zu marschieren.

An die Brücke schlieſst auf der feindlichen Seite jederseits eine Mauer an:[1] die linke mit der weiter zurückliegenden gewiſs links — wenn auch nicht schon jetzt — verbunden zu denken.[2] An der andern Seite aber läuft die hintere Mauer vielmehr nach hinten statt nach vorn, offenbar am Fluſs entlang, wohl zur Deckung des am andern Ufer von der Brücke aus entlanggeführten

---

[1] Links zeigt der von der Schulter des linken Postens unterbrochene Thorbogen, daſs die Mauer hier weitergehend zu denken, trotzdem zwischen den Beinen der Soldaten glatter Grund ist: eine oft beobachtete Inkonsequenz. Da die Bewegung nicht von rechts nach links gehend gedacht werden kann, ist der sonst naheliegende Gedanke ausgeschlossen, daſs der Weitermarsch vielmehr durch das von diesen Posten bewachte Thor zu gehen habe. Ernstlicher zu erwägen wäre, ob nicht das Geländer jenseit der Brücke, an dem eben gearbeitet wird, wie gewöhnlich für den Weitermarsch bestimmt sei. Wenn fluſsaufwärts, wären die Römer dann durch das von den Posten bewachte Thor gekommen, vom rechten aufs linke Ufer übergegangen. Was dagegen spricht, ist im Text hervorgehoben.

[2] C. leugnet es S. 60, aber der links auf der Ecke sich erhebende Balken, oben mit Querholz, kann nur ein Thor bedeuten wie in LXX. Eine Thalsperre ist es offenbar nicht.

Geländerwegs, der hier in ein Seitenthor des grofsen Lagers einmünden mufs. Zur vorderen rechten Ecke des Lagers zieht sich im grofsen Bogen die rechts an die Brücke anschliefsende Mauer.[1] Der Übergang vom linken aufs rechte Flufsufer, um auf diesem weiter zu marschieren, fortwährend noch auf ebenem Terrain, pafst zum Übergang des Apus auf der Strafse nach Berzovia, nur dafs eher die gebaute Festung am linken, als das grofse Lager am rechten Ufer des Flusses für *Apus fluvius* gehalten werden kann.

XIII, eine Scene, die wieder nur durch die Verbindung mit XIV existenzberechtigt wird;[2] in XIII ein römisches Lager, am vorderen wie am hinteren Thore von Posten bewacht: aus diesem eine Abteilung Auxilia ausrückend, während aus jenem Trajan selbst eine auf der Höhe gelegene Festung rekognosziert. Sehr hübsch hat C. aus dem von der hohen Burg herab zum Wasser führenden Weg und dem auf diesem Weg zum Wasser-

---

[1] Die oben erwähnte, zur Erklärung des Ganzen entworfene Skizze von C. S. 66 fehlt in einigen Punkten: erstens giebt sie, infolge der falschen Scenentrennungen die Brücke links unverteidigt, ohne Zusammenhang mit dem Werk in XI; zweitens fügt sie, ohne dafs eine Spur davon im Relief sich fände, am rechten Ende der Brücke ebenso nach vorn, wie nach hinten, ein Geländer längs des Flusses zu, wodurch die Mauer von der Brücke zu weit abrückt; drittens dehnt sie das wirklich vorhandene Geländer nach hinten zu weit aus; viertens läfst sie zwischen dem Lager und der von der Brücke rechts ausgehenden Mauer eine grofse Lücke.

[2] C. nimmt gegen allen Augenschein die Auxiliare zur linken, Trajan und Begleiter zur rechten Scene, mit einer Beweisführung, die mir unbegreiflich ist; der Flufs in XIV soll, weil von links nach rechts fliefsend, nicht gleich dem sein, der notwendig quer zur Brücke von hinten nach vorn fliefsend zu denken ist — als ob der Flufs nicht umbiegen könnte. Das Wasser unter der Brücke und weiter rechts ist ja doch augenscheinlich eins, und von XIII bis XV ist unlöslicher Zusammenhang des, wenn auch zusammengezogenen Terrains.

holen herabgestiegenen Soldaten geschlossen, dafs jene Burg ohne Brunnen ist, und darauf hin sie als Arcidava[1] erkannt, auf dessen ruinenbezeichneter Höhe er Wasserlosigkeit festgestellt hat. Schwierigkeit macht aber das Wasser vorn im Bilde und sein Verhältnis zu den zwei Brücken in XIV und XV, von deren ersterer es augenscheinlich bis zur zweiten fliefst, und zwar grade so, als ob die Brücken nicht quer zum Wasser, sondern gleichgerichtet ständen. In Anm. 2, S. 19 ist C.'s, weil allem Augenschein widerstreitende und darum schwerverständliche Trennung von XIII und XIV verworfen. Angenommen, dafs die Burg Arcidava sei, könnte das Wasser unten nur der Apus sein, und wenn die Kartenskizze S. 71 und die eingezeichnete Römerstrafse richtig ist, kann zwischen dem Lager XIII und der Burg XIV unmöglich ein Wasserlauf sein, kann also die Brücke nur auf die andre Seite des hier aus Karasu und Czernovecz geeinten Apus hinüberführen. Scheint sie vielmehr umgekehrt zu der Seite, wo Arcidava liegt, hinüberzuführen, so darf das (wie gleich wieder in XVII) auf Ungeschicklichkeit des Ausführenden geschoben werden. Blieb aber die Hauptroute der römischen Armee auf dem rechten Apus- bez. Czernovecz-Ufer, so können die Auxiliare — und das ist ihnen ja auch anzusehen — nur eine Flankendivision bedeuten, wie C. sie richtig verstanden hat,[2] und dann kann die folgende Brücke (in XV) nur die über den Czernovecz führende sein, eben deswegen auch kleiner.

---

[1] Auf der beigegebenen Karte ist Arcidava auf das linke Ufer des Apus gesetzt, in der Kartenskizze S. 41 aber und Text S. 75 auf das rechte.

[2] Man findet solche meist mehr beobachtend, öfters augenscheinlich zum Schutz des frei vorgehenden Kaisers, z. B. LVIII. Freilich wenn eine zweite Armee gegen die Teregovaer Schlüssel vorging, möchte eine eigentliche Diversion, von der ja auch nichts wieder zu sehen, überflüssig scheinen.

XV XVI XVII sind wiederum gegen grades Sehen in drei Bilder zerlegt, aber wenigstens die Verbindung von XV XVI ist nachträglich S. 82 zugegeben: die Bäume fällenden Legionare, die wir nicht längs dem Wege, sondern in der Nähe der nächsten Station *Centum putea* zu denken haben, räumen die Stämme nicht blofs aus dem Wege, sondern nach rechts zum Bauplatz, wo in Gegenwart und unter Anweisung Trajans das Lager gebaut wird.[1] Aber auch auf der andern Seite ist deutliche Trennung erst bei den zwei Fichten, und das schmale Stück XVII mit einem andern Lager oder Kastell (mit einem festen Bauwerk) im Hintergrund und zimmernden und Bauholz schleppenden Soldaten ist auch durch deren Bewegung deutlich zu XVI gehörig. Ja, wie XIII + XIV, vielleicht schon X + XII und alsbald wieder in XVIII + XX und vielleicht selbst XXII, scheint das Marschlager* eben bei einem Standlager mit festen Bauwerken geschlagen. Das von hinten nach vorn fliefsende Wasser, der Czernovecz (?), dient zur Deckung des Lagers mit seinem die Futtervorräte umschliefsenden Pfahlwerk.

Höchst sinnreich ist die Erklärung, die C. dem Barbaren mit dem Saumtier oben Pl. 39 gegeben: es sei der heimkehrende Überbringer der Povistdepesche, der parallel den Römern, natürlich in einigem Abstand ziehe. Auch hier aber trifft C. der Vorwurf, die geringe Ähnlichkeit mit jenem Buren in IX übertrieben hervorzukehren, und die Geltendmachung der Differenzen dem Kritiker zu überlassen: sie bestehen, von solchen in der Figur des Mannes vorhandenen abgesehen, in Charakter und Zäumung des Tieres, und vor allem darin, dass hier ein Packsattel vorhanden, eine Differenz, die zu IX nicht gut durch Leugnung, dafs der Bure geritten habe, zu verkleinern

---

1 Der Mann an der Ecke links stampft einen Block fest.

versucht war. Da nun auch der Gedanke, durch den nach Norden ziehenden Buren solle dem Beschauer auch die Wegrichtung der Römer besser bewußt werden, viel mehr eines Anhaltspunkte suchenden Erklärers als eines Künstlers Gedanke ist, dürfte es besser sein, in dem scheinbar harmlos sein Saumtier treibenden Bauern einen Späher zu sehen. Daß die Kastelle XVI XVII in der Ebene liegen ist nicht richtig. Die links offenbar durch Bequemlichkeit oder Unachtsamkeit der Ausführenden am Baum endende Terrainzeichnung hatte rechts vor den Fichten wenig Spielraum, aber man sieht sie um den knieend hämmernden Soldaten.

Mit Zusammenziehung von XVI XVII ist nun allerdings die Station *Centum putea* zusammengeflossen mit *Bersovia*, das C. in XVII erkennen wollte, wie in dem im Bilde deutlich von links nach rechts für die Römer fließenden Wasser die Berzova, die aber umgekehrt fließen müßte.

XVIII f. ferner sieht C., ohne daß irgend einer der Orte nach Arcidava im Bilde wirklich charakteristisch gezeichnet wäre Aizis in dem Kastell neben einem Marschlager, vor welchem, während die Legionare bauen, der erste Daker gefangen vor Trajan geführt wird; und er erkennt dann XIX den Brückenschlag über den Poganis in einem sogar wenig zur wirklichen Örtlichkeit passenden Bilde: denn hier strömt das Wasser in starkem Gefälle quer zur Marschrichtung, während der Poganis (s. die Kartenskizze S. 85) an jener Stelle in ebenem Thalgrund, im ganzen der Marschrichtung parallel fließt.

XX sind wieder zwei Anlagen nah bei einander, aber beide im Bau begriffen, doch die eine nahezu fertig, während die andre noch in den Anfängen ist. Sollen wir etwa hier verstehen, wie auch die vorher gesehenen Zwillingskastelle entstanden sind? Um zwei an den einander gegenüberliegenden Höhen eines Thales errichtete

Kastelle annehmen zu können, sieht C. vorn gegen den Beschauer ansteigendes Terrain. Da gegenüber im Hintergrund solches nicht angedeutet ist, wo es doch rechts möglich gewesen wäre, scheint es mir ratsamer, vorn vielmehr abfallendes Terrain zu erkennen, d. h. einen schmalen Rücken, auf dem die beginnende Mauer aufsetzt, das Innere folgerichtig tiefer erscheinen lassend. So ist denn auch hier die besondere Lage von *Caput bubali*, der letzten Station vor Thibiscum, mit nichten gekennzeichnet, am wenigsten durch das ganz ähnlich auch XII gesehene Ausschauen Trajans.

XXI dagegen hat C. treffend die Einheit des Bildes und die militärische Lage dargelegt: ein grofses Lager mit sehr genau ausgeführten Zelten darin, wiederum gegen die feindliche Seite durch einen Flufs gedeckt, an dessen Ufern entlang eine Postenkette wacht: Auxiliare und Legionare, weiter links Auxiliarreiter, bereit aufzusitzen, um alsbald denen zu folgen, die schon den Flufs passiert haben und rekognoszierend vorgehen. Eines aber stimmt nicht: ohne ein Wort zu verlieren, sagt C. 'das Terrain zeigt deutlich eine Ebene'. Hier hält der Historiker dem Archäologen die Augen zu; auf der einen wie auf der andern Seite des Flusses steigt das Terrain an, das, wo immer zwischen den gedrängten Figuren Raum ist, zum Vorschein kommt, und dies setzt sich im nächsten Bilde so fort, dafs zumal die eigenartige Burg im Hintergrunde auch durch den die Lücke füllenden Baum kaum abgetrennt wird. Die Scenentrennung fällt also viel eher hinter als vor diese Burg: die durch Wald marschierende Infanterie ist ein durchaus verschiedenes Bild; die Burg dagegen bildet, wie S. 21 schon angedeutet wurde, mit dem Lager in XXI wiederum eine solche Doppelbefestigung, die eine ständig, die andre vorübergehend, auch hier wie XI f., wie XIII f., XVI f. und vielleicht auch XX zur Sicherung einer Brücke.

Dafs in XXIV die Schlacht bei Tapai und im nächsten Bilde die dakische Sperre des Eisernen Thorpasses zu erkennen, hat C. überzeugend dargelegt, aber um in den vorausgehenden Bildern den Weg dahin zu erkennen, hat der Historiker hineingesehen was nicht da ist, und das Vorhandene übersehen. Die Burg soll das von der römischen Armee beiseitgelassene dakische, in der Ebene, zwischen Temes und Bisztra, die nicht nach vorn, sondern nach hinten zu zusammenfliefsen, gelegene Thibiscum sein. Wer kann das glauben? Wer sieht nicht vielmehr, dafs die, wie C. zugiebt, ganz auf römische Weise gebaute Feste in ihrem unregelmäfsigen Grundrifs, den das Ansichtsbild S. 107 nicht richtig mit zwei nahezu gleich weit neben dem Thor vorspringenden Bastionen wiedergiebt, eben durch unebenes Terrain bedingt ist? Wer kann im folgenden

XXII, wo die Legion auf ihrem Marsche im schon gelichteten Walde halt macht, bis auch vor ihr in XXIII die Bäume gefällt sind, wer kann hier in XXII ein 'breites Thal', in dem Felsen, hinter welchem auf 52 der Unterkörper des Offiziers (wie hinter dem Schilde derjenige des *Signifer*) verschwindet, wer kann darin die Andeutung einer Thalspaltung sehen, oder gar, dafs die Truppe 'aus der Ebene in ein rechts sich öffnendes Thal, das der Bisztra einbiege' (ohne den Offizier!)? Wer sieht vielmehr nicht, dafs hier das Auge gezwungen werden soll, zu sehen, was nicht da ist? Der mifsdeutete Fels ist ja gar kein Fels mit präzisem Umrifs, sondern nur eine Konfusion von Fels und Gewand, die durch das Fenster hervorgerufen ist.

In der vorhergehenden Reihe war Trajan zuletzt XX sichtbar, er erscheint wieder in der grofsen Schlacht XXIV. In XXI konnte er sehr wohl fehlen, weil noch zurückgeblieben; da er aber namentlich auch XXII fehlt, ist es klar, dafs hier eine von der von ihm geführten Armee abgesonderte Truppe marschiert, von der kaum zu bezweifeln ist, dafs sie in dem innerlich wie äufserlich so eng anschliefsenden Schlachtbild mit eingreift, nämlich XXIV. In der That sehen wir da am linken Ende zwei Züge von *loricati*, jeden aus zwei Reihen bestehend, vor dem oberen, an dessen Spitze weiter rechts Trajan steht, Prätorianersigna; vor dem unteren, offenbar etwas später eintreffenden, weil zurückstehenden, die Signa einer Legion, und zwar sehr ähnlich denen, die von IV bis hier nicht wieder erschienen sind, und nach diesen sieht sich einer der Garde-*Signiferi* in so auffallender Weise um, dafs auch dies, neben den übrigen Anzeichen, auf das Neueintreffen der Legion bezogen werden darf. Auch die Reiter in XXIV scheinen zu der Legion im Vordergrund zu gehören, und Reiter waren es ja auch, die in XXI, d. h. dem ersten Bilde, in welchem die zweite Armee erscheint, vorangingen. Wir dürfen dort das Fufsvolk nachfolgend denken, während im folgenden, in richtiger Abwechselung, erst das Fufsvolk gezeigt wird. In engerem Zusammenhang nach vorn als nach hinten erscheint es auf dem Marsch, den Wald lichtend und schon am Schlachtfeld eingetroffen, und hier, vor ihnen bereits in Action tretend, die natürlich vor ihnen eingetroffenen Reiter. Bei der Trajanischen Armee waren von VIII an keine Reiter sichtbar; die in V mit ihm über die Donau gegangenen waren in VII nach dem Kriegsrat (VI) voraufgeschickt. Vielleicht waren sie irgendwo zur zweiten Armee gestofsen.

Man sieht, dafs ich hier, und hier allein möglich, die Verbindung der in IV oberhalb Pontes über die Donau gegangene Ostarmee mit der Trajanischen, der Westarmee vor sich gehen sehe. Auch glaube ich in der That den schönen jugendlichen Führer der zweiten Armee von XXI in XXIV neben Trajan wiederzuerkennen, sicherer als schon an der Spitze der Legion von IV.

Dafs die Signa in XXIV, XXII und IV nicht gleich sind, ist richtig;[1] aber nach dem oben S. 11 mit besonderer Beziehung eben auf diesen wichtigen Punkt über die Signa Bemerkten (da die Verschiedenheiten zwischen den Legionssigna jener drei Scenen sehr gering sind, und genau dieselben wie in IV und wie in XXIV überhaupt an der Säule nicht wieder vorkommen, und so wie XXII nur noch XXVI f.), so scheint mir in der That, dafs man auch deshalb besser thut, sich an den Hauptinhalt der Darstellung selbst zu halten. Aus diesem aber ergab sich, dafs von XXI—XXIII eine andre als die bis dahin von Trajan geführte Armee erscheint; dafs in XXIV sodann, neben der wieder gegenwärtigen Trajanischen, auch die in letztvorhergegangenen Scenen XXI—XXIII gesehene notwendig mit auftreten mufs, weil jene drei Scenen für sich allein gar keinen Sinn haben, und keinen andern Zweck haben können, als diese Armee auf dem Wege zur Schlacht darzustellen; und XXIII so von XXIV nicht abzulösen ist. Da aber unbedingt die in IV aus den Augen verlorene zweite Armee[2] notwendig irgendwo wieder zum Vorschein kommen mufs, und sonst nirgends füglich, namentlich nicht da, wo C. will, in XXVI zu entdecken ist, kann die Differenz der Feldzeichen, die übrigens der Auffassung von C. ebensowohl entgegensteht, kein Hindernis sein, von XXI an die Ostarmee

---

[1] Ich nehme an, dafs XXII in dem Kranz oben an den Signa die Hand statt des Schildchens dargestellt werden sollte und dafs in XXIV die Hand ungenau ohne Kranz ist.

[2] Es bleibt sonst nichts andres übrig, als diese nur mit den grofsen Arbeiten für den *pons Trajani* beschäftigt zu denken. Allerdings wird sich zeigen, dafs diese Arbeit sogleich mit Beginn des ersten Krieges — wenn nicht schon früher — in Angriff genommen ist, aber es scheint mir, dafs das Bild der ausrückenden Legion andre Erwartungen rege macht, als dafs diese Truppe gleich jenseit der Donau halt machen werde.

wieder erscheinen zu sehen, und in XXIV ihre Vereinigung mit der Westarmee. Wenn die zweite Armee irgendwo zwischen der Stelle des nachmaligen pons Trajani und Transtierna über die Donau ging, wie sich unten noch besser herausstellen wird, und wenn sie wirklich zur Kooperation im Felde bestimmt war, dann ist es fast selbstverständlich, dafs diese Armee den Weg durch die Teregovaer Schlüssel nahm, den C. sie nehmen läfst. Den etwas weiteren Weg hätte dann die erste, die Trajanische Armee gehabt, aber den weit schwierigeren die zweite. Dafs wir die Daker Trajan nirgends vorher die Spitze bieten sehen, erklärt sich wohl daraus, dafs sie natürlich vom Vorgehen der zweiten Armee Kunde haben; und umgekehrt bleibt diese wiederum auf ihrem Vormarsch unbelästigt, weil der Angreifer sich ja zwischen beide Armeen gestellt haben würde. Anders als es C. beliebt, der die Vereinigung beider Armeen erst nach der Schlacht in Bild XXVI f. sich vollziehen sieht, glaube ich nun, dafs Trajan nicht über den Vereinigungspunkt, da nämlich, wo sein Weg den Temes kreuzte, vorgegangen sein wird, ohne die zweite Armee abzuwarten, da er nunmehr jeden Augenblick auf den Feind zu stofsen gefafst sein mufste. Nach C. hätte er dagegen die Schlacht geschlagen, ohne die zweite Armee abzuwarten. Dafs deren Operation auf solche Weise eigentlich völlig zwecklos sein oder wenigstens in der Bildchronik erscheinen wird, liegt auf der Hand. Anders nach der hier dargelegten Auffassung der Scenen XXI—XXIII, bei der man kaum umhin kann, sich der preufsischen Strategie im böhmischen Feldzug von 1866 zu erinnern.

In XX wäre Trajan nach C., dessen Stationenfolge im Bilde allerdings oben im einzelnen nicht gebilligt werden konnte, bei *Caput Bubali* angelangt, also nah bei dem mutmafslichen Vereinigungspunkte beider Armeen;

und sein Ausschauen, auf die erwartete zweite Armee bezogen, würde noch etwas bestimmtere und zu seiner Richtung besser passende Bedeutung bekommen. Es ist selbstverständlich, dafs in einer Darstellung wie dieses Säulenrelief, zwei zu späterer Vereinigung angesponnene Fäden nicht beide gleich ausführlich gehalten und gleich lang ausgezogen werden können, sondern dafs, nachdem die Haupterzählung zum richtigen Ruhepunkt gebracht ist — in dessen Wahl sich auch in wörtlicher Erzählung der Meister offenbart —, die andere in wenig raschen Zügen ebendahin geführt und zur Verknüpfung beider gebracht werden mufs. So wird uns denn der schwierige Marsch der zweiten Armee nur in seinem letzten Teile gezeigt. So viel aus der österreichischen Generalstabskarte zu sehen, würde mir das Bild XXI zu den Teregovaer Schlüsseln wohl zu passen scheinen.

Wenn man nämlich das Lager unterhalb Teregova, die Burg westlich über den Schlüsseln ansetzte, so würde der Flufs zwischen beiden der Temes, und die Brücke etwa bei Kriva zu denken sein. Das Waldthal XXII f. würde das Temesthal sein, und nicht zu weit von der Vereinigung beider Strafsen würde das Schlachtfeld von XXIV sein, auf welchem nun in der That nach Mafsgabe ihrer sich verbindenden Routen von selbst Trajans Armee den linken, die zweite den rechten Flügel einnehmen mufste, so wie wir es im Bilde geschehen sehen. Das Lager im Hintergrunde ist natürlich nicht mehr das von XX. Vor dem linken Flügel ist eine mehr des Reliefstils wegen staffelförmig dargestellte Doppelreihe von Auxiliaren, ganz links ein Schütz im Gefecht; einige bringen schon abgeschnittene Dakerköpfe zu Trajan, der solche Barbarei zu verweisen scheint. Die Dakerreihe ist in der Mitte durchbrochen, und so das Vorgehen einer vorderen staffelförmigen Reihe von Auxiliaren motiviert, an deren rechtem Flügel ein Barbar mit Schild

XXIV Schlacht bei Tapae.

und Keule kämpft,[1] das Schwert an der linken Seite, bekleidet nur mit Hosen. Diesem begegnet in wildem Ansturm eine längere, dichtere Reihe von Dakern, kaum gelichtet durch ein paar Gefallene im Vordergrunde. Beschildet kämpfen die Daker mit Bogen und Pfeilen; weiter zurück hinter ihrem rechten Flügel, wo auch zwei Drachenfahnen sichtbar sind, aufgepflanzt eher als getragen, glaubt C. von zwei Pileati den einen für den Decebalus halten zu müssen, ohne positiven Grund. Vorn liegt ein Verwundeter, ein andrer wird zurück getragen. In die Schlacht greift von oben, mit halbem Leibe sichtbar, von seinem wie beim Coelus sich wölbenden Mantel umrahmt, Juppiter mit dem Donnerkeil, der ja regelmäfsig auch die Schilde der Legionen ziert, zu Gunsten der Römer ein, wohl nicht notwendig als Symbolisierung eines die Schlacht begleitenden Gewitters zu verstehen.

Im Bilde XXIV ist trotz Juppiters Intervention der Sieg der Römer nicht ausgesprochen; wir sehen die Daker nicht weichen. Aber ganz im Vordergrunde setzt sich die Darstellung, leicht verständlich in das nächste, von C. vorzüglich erklärte Bild, hinein fort.

XXV sehen wir, von den Gefallenen und Verwundeten, die zurückgetragen werden, kaum getrennt, Daker, welche durch Zurückblicken deutlich sich als von der Schlacht herkommend erweisen, in eiligem Rückzug hinter ein grofses Bollwerk, das als dakisches und von Dakern besetztes durch sonderbare Pfahlbauten und die aufgepflanzte Drachenfahne darin hinlänglich gekennzeichnet ist, nicht minder durch die in barbarischer Weise auf Pfählen über der Mauer aufgepflanzten Feindesschädel. Es sind zwei parallele Mauern, vorn, wie bei einer wenigstens zu sehen, am diesseitigen Höhenrand an-

---

[1] Was C. hier und anderswo für Nägel hält, sind nur die in gewöhnlicher Weise dargestellten Knoten.

schliefsend. Im Hintergrund, wo die Mauer verschwindet, ist sie in gleicher Weise anschliefsend zu denken, also eine Thalsperre, in der Mitte unterbrochen, um den Wasserlauf des Thales durchzulassen, der eine Strecke als Graben zur Deckung vor der diesseitigen Mauer entlang geführt ist, vor dem einen Thor von einer Brücke überdeckt, die auffallenderweise noch nicht aufgezogen ist zur Schliefsung des Thores. Was im Felde vor diesem Bollwerk zu sehen, Pfähle, grad wie Säulenstümpfe, oben geschrägt, dazwischen viereckige Gruben mit aufragenden spitzen Pfählen drin (Wolfsgruben[1]?); endlich weiter links drei Pfähle oben mit einer Art Kapitell, durch eine Wand verbunden, das alles kann kaum etwas andres sein als Annäherungshindernisse. Vor diesem Bollwerk also, in einem Walde auf anscheinend ebenem Thalgrund, hatten die Daker den Römern die Schlacht angeboten. Ob sie oder die Römer die Angreifer waren, ist nicht entschieden, da beide Teile vorstürmen. Dafs die Daker vor den übermächtigen Römern aber doch das Feld geräumt und hinter ihre Thalsperre zurückgegangen sind, das sehen wir in XXV, wo auch schon römische Auxiliare, den Feinden auf der Ferse folgend, einen aufsen vor der Sperre gelegenen Dakerort in Brand stecken, und schon auch Trajan mit Begleitern auf einer Höhe steht, die feindliche Befestigung in Augenschein nehmend.

Nicht um sie anzugreifen; denn der Feldzug dieses Jahres endet im wesentlichen hier. Trajan, der die dakische Tapferkeit soeben in freiem Felde kennen gelernt hat, versucht sie nicht noch einmal am Bollwerk, sondern verschiebt das Weitere auf das nächste Jahr, indem er natürlich die wohlbefestigten Strafsen, auf

---

1 Ähnlich aber ohne Pfähle und ganz klein nur grundrifsartig Pl. 127; mehr gleichend dagegen, durch den inneren Absatz, aber auch ohne Pfähle in Fr. 127. Ob auch auf Pl. 43 oben rechts?

welchen die zwei Armeen heranmarschiert waren, behauptet. Denn es folgen nur noch Verhandlungen mit Gesandten, dann Streifzüge und danach allem Anschein nach Trajans Abgang ins Winterquartier. In diesem ganzen Zusammenhang ist nun, wie C. vortrefflich dargelegt hat, nicht zu bezweifeln, dafs XXIV die von Dio 68, 8 erwähnte Schlacht bei Tapae dargestellt ist, und im nächsten Bilde Trajan vor der dakischen Sperre des Eisernen Thorpasses angelangt steht.

XXVI geht eine römische Legion durch einen Flufs und ist dann in XXVII im Lager in Paradeaufstellung gegenwärtig, wie Trajan einer dakischen Gesandtschaft, aus berittenen Comati bestehend, Gehör giebt, welche begleitet werden von Barbaren zu Fufs, die an ihrem Haarknoten schon von Fabretti als Germanen erkannt sind.

In XXVIII dann nochmals eine Abordnung von Dakern zu Fufs vor dem aufserhalb eines Lagers mit seinen Begleitern stehenden Kaiser.

Haben wir in XXIV bereits die Vereinigung der beiden Armeen sich vollziehen sehen, so ist es natürlich unmöglich, sie erst in XXVI f. sich vollziehen zu sehen. Dafs hier in dem dargestellten Vorgang: ein Flufsdurchgang und eine Allocutio des Kaisers, bei welcher nun nur die Ost- aber nicht die Westarmee erblickt würde, also auch nicht einmal eine Vereinigung dargestellt wäre, auch gar nichts ist, was den Ausmarsch der zweiten Armee und ihr Wiedererscheinen rechtfertigen könnte, liegt auf der Hand. Dafs aber auch das Einzige, worauf C. sich stützt, die Fahnen und Schildzeichen, nicht für ihn spricht, ist oben auseinandergesetzt worden. Niemand wird aber hoffentlich, um nur die Signa zu Recht bestehen zu lassen, glauben wollen, dafs zwar die Ostarmee nicht wieder zum Vorschein komme, aber die Legion, deren Fahnen in VIII im Lager aufgepflanzt waren, und die in X vom Kaiser angesprochen wurde, dann auf eigenen Wegen marschierend, XXII und XXIII gezeigt werde, um in dem unmittelbar anschliefsenden Schlachtfelde zu fehlen, aber danach XXVI wieder aufzutreten, dafs sie immer nur marschierend, erst durch Wald, dann durch Wasser dargestellt werde. Vielleicht wird man, weil ohne ausreichenden Anhalt, nie erraten, wo Trajan sich in XXVII und XXVIII befindet; es kommt aber auch nicht viel darauf an, wo er die Gesandtschaften empfängt. Gewifs aber irrt C., wenn er, und wohl auch Fröhner,[1] beidemal dieselbe Gesandtschaft erkennen will, die in XXVII, von Irregulären des römischen Heeres geleitet, eben in dem Moment, wo Trajan an seine Soldaten eine Ansprache halte, anlange; in XXVIII dann abgestiegen zum Kaiser rede.[2] Gradezu unerhört und unbegreiflich wäre die zweimalige Darstellung, um so mehr als bei der Bewegung der Gesandten, beidemal nach links, ein unbefangenes Auge niemals, den zeitlichen Fortschritt entgegengesetzt von links nach rechts, die Gesandten also gewissermafsen rückwärts fortgeschritten zu sehen im stande sein wird. Die Öffnung in der Mauer XXVII[3] macht es ohne weiteres klar, dafs Trajan hier nicht zu seiner Truppe spricht, sondern mit den Gesandten verhandelt. Das macht noch deutlicher das lebhafte Gestikulieren des einen der Germanen die eben deswegen, und weil nur mit Schilden, nicht auch mit Lanzen bewaffnet,[4] nicht römische Irreguläre zum Geleit den Gesandten mitgegeben, sondern Fremde sind, Freunde der Daker, ohne Feinde der Römer zu

---

[1] Reinach S. 46, ebenso im Text nur in der Anmerkung: *il y a peut-être deux ambassades successives.*
[2] Ähnliche Verkehrung statuiert C. auch LIV f.
[3] Man vergleiche Fröhner 172.
[4] Vgl. Marcussäule II. und LIX S. 70.

sein.[1] In XXVIII erscheint also eine zweite Gesandtschaft, deren Mitglieder nicht blofs anders gekleidet sind, sondern auch anders auftreten, und demgemäfs von Trajan anders empfangen werden. Jene sitzen trotzig auf ihren Rossen, und dafs es nur Comati sind, war ja auch nach Dio's ausdrücklicher Angabe ein Beweis noch ungebeugten Mutes des Decebalus; diese sind zu Fufs, sichtlich vorgeneigt und demütiger Gebärde. Jenen gegenüber steht Trajan auf dem Suggest im Lager, die Lanze fest vor sich gehalten, von seinen Soldaten umgeben; diesen zeigt er sich auf gleichem Boden, herausgekommen, nur von einigen Freunden begleitet. Vielleicht soll auch das Umblicken des einen berittenen Comatus nach der andern Gesandtschaft — wem könnte es sonst gelten?[2] — als Ausdruck des Unwillens uns aufmerksam machen auf den hier zuerst, später so oft uns entgegentretenden Gegensatz zwischen der romfreundlichen und der romfeindlichen Partei unter den Dakern, jene durch die zweite, diese durch die erste Gesandtschaft vertreten.

XXIX f. wird dann die Züchtigung feindlicher Dakerstämme von römischen Streifkorps vor Augen gestellt, wo ein weit ausgedehntes Gebiet, durch Höhenzüge geteilt ist: hier eine dakische Ortschaft durch irreguläre Reiter angezündet, dort Haufen getöteten Viehs; dort wieder die einen überfallen und niedergemetzelt, die andern verschont, ein Alter mit einem Knaben, der ebendahin sich wendet, wohin gefangene Frauen mit Kindern auf den Armen oder an der Hand von Auxiliaren geleitet, der Donau zuschreiten, wo ein grofses, leeres Schiff zu ihrer Aufnahme bereit liegt, und links, dem Ufer nahe, Trajan mit einigen Begleitern steht. Ihm zunächst und

---

1 Vgl. dieselben Germanen Fr. 52 u. 130, dazu Röm. Mitteil. 1896 S. 105, wo Fabretti, *de col. Traj.*, S. 16 übersehen ist.
2 Nach C. würde er sich nach sich selber umblicken.

auf ihn blickend, schreitet eine Frau mit ihrem Kinde den andern weit vorauf,[1] so dafs man auch glauben könnte, sie allein solle sich einschiffen, wofür C. namentlich den hübschen Zug geltend macht, dafs mehrere Mütter ihre Kinder hoch heben, als sollten sie jene noch einmal sehen. Könnte es aber nicht auch den Sinn haben, dafs die Mütter, die doch ganz wie eskortiert aussehen, ihre Kinder trösten mit dem Hinweis auf die ihnen voran aus der Heimat gehende Fürstin? Ich glaube nämlich, dafs wir diesen Deportierten anderswo wieder begegnen werden (XXXIX).

Dafs Trajan sich gleichfalls eingeschifft habe, liegt zu denken nahe. Es hängt das aber davon ab, wo und wie wir ihn zunächst wieder antreffen werden. Jedenfalls zeigen die nächsten, von C. richtig abgeteilten Bilder was sozusagen hinter seinem Rücken, freilich auf einem viel weiter östlich gelegenen Schauplatz vor sich geht.

XXXI. Auch in dem nächsten Bilde flutet nämlich unzweifelhaft noch die Donau. Trotz des Scheidebaumes ist die Einheit des Wassers links und rechts von demselben augenscheinlich. Was C. mit inneren Gründen zwingend erweist, dafs, während die Vorgänge bis XXX einschliefslich auf der linken, nördlichen Donauseite spielten, die folgenden vielmehr auf der rechten statthaben, eben das hat der Künstler auch einigermafsen anschaulich zu machen verstanden. Man beachte, wie in XXX die Grenze des Wassers von oben links neben Trajan schräg hinabgeht nach unten rechts (zwischen dem Auxiliar und dem Baum), und dem ungefähr entsprechend in XXXI das jenseitige Ufer ähnlich nach rechts hinab-

---

[1] Dafs es nicht die erst am Ende des zweiten Kriegsjahrs gefangene Schwester des Decebalus sein kann, bemerkt Cichorius, wie Dierauer S. 90, 6. Letzterer sagt indessen mit Unrecht von der voranstehenden Frau, sie zeichne 'sich durch nichts von den übrigen aus'.

geht, nur durch den Wechsel von Vorgang und Ort unterbrochen. Jedenfalls sieht man am Scheidebaum links: oben Wasser, unten Land, rechts umgekehrt: oben Land, unten Wasser. Durch diese Beobachtung wird also auch dem Auge anschaulich, was C. dem Denken klar gemacht, dafs nämlich von derjenigen Donauseite, auf welcher die vorausgegangenen Scenen sich abspielten, also der linken nördlichen, die Daker in XXXI auf schwimmenden Rossen — denn eine eingebrochene Eisdecke leugnet C. S. 151 angesichts des Reliefs mit Recht[1] — über die Donau gehen auf die rechte südliche, wo schon andre Daker sie empfangen und aus dem reifsenden Strom das Land gewinnen helfen. Was bei diesem Übergang beabsichtigt ist, wird durch die verschiedenen Scharen angedeutet, welche, teils Daker mit Drachenfahnen, teils sarmatische Reiter[2] im Schuppenpanzer, am jenseitigen Ufer alle in gleicher Richtung sich bewegen. Deutlicher noch wird es im folgenden Bilde, welches ohne markierte Trennung anschliefst:

XXXII, eine römische Festung von Auxiliaren nachdrücklich verteidigt gegen Daker, welche sie von allen Seiten mit sichtlichem Ungestüm und in grofser Eile angreifen, mit Bogen und Pfeilen und schon auch mit einem Sturmbock, den sie unerschrocken ohne Deckung herantragen. Zeigt sich darin schon römische Schulung, so

---

[1] Daker sieht man im Säulenrelief nie zu Pferde kämpfen, überhaupt selten beritten, nämlich nur die Gesandten XXVII, die Flüchtenden, von römischen Reitern verfolgt vor dem Ende des Decebalus Fr. 173 f. und hier beim Donauübergang. Da aber auch hier in den folgenden Scenen offenbar dieselben nur zu Fufs erscheinen, ist es klar, dafs sie die Rosse nur zum Passieren des Flusses benutzten, mithin das Wasser grade nicht gefroren sein konnte.

[2] Längst als solche erkannt, gegen Fröhner verteidigt auch von Dierauer S. 83, 2.

hat C.'s Scharfblick auch einen Römer in Dakertracht unter den Angreifern sicher erkannt. Diese eine bestürmte Festung steht gewifs als Beispiel für eine ganze Reihe von Angriffen und Überfällen, zu welchen jene früher über den Flufs Gegangenen und die zuletzt Übergehenden sich so hastig anschicken in der Winterpause, da Trajan den Rücken gewandt hat. Nicht für lange Zeit; denn in

XXXIII finden wir ihn schon wieder aufbrechend. Bei einer römischen Provinzialstadt sehen wir vorn links ein Transportschiff, rechts eine Bireme im Wasser liegen. In jene tragen Auxiliare, Flottensoldaten nach C., verschnürte Ballen, die Zelte, wie schon Fröhner richtig erkannte, und Waffen; diese wird Trajan selber besteigen, in der Paenula, der Reisetracht — und es ist ja Winter — gleich den ihm Folgenden. Deren sind zu viel für die üblichen Freunde, und durch einen mit dem *Scutum* Ausgestatteten werden sie vielmehr wohl als eine Abteilung der Garde kenntlich gemacht, während andre in gleicher Reisetracht, mit den Gardesigna schon am Wasser haltend, den Kaiser erwarten und ihm von einem Offizier vorgestellt werden. Richtig betont C., dafs beide Abteilungen getrennt gekommen sind; aber dafs Trajan hier in der Stadt (nach C. Siscia am Savus[1]) überwintert haben soll, und daselbst nun eine eben neu von Rom her eintreffende Abteilung Garden empfange, das ist das Gegenteil von dem was wirklich zu sehen ist. Die Truppe mit den Signa und ihr Gepäck sind schon gekommen und zwar aus der Stadt, Trajan kommt vielmehr erst jetzt, und zwar von rechts; es fragt sich nur, ob von dem Bogen oder von dem grofsen Bau, oder woher? Das wird

---

[1] Da sie offenbar am linken Ufer gelegen wäre — unter C.'s Voraussetzungen —, wäre immerhin eher Sirmium zu nennen gewesen, wie Fröhners Meinung war.

bald klar werden, sobald hier der Anfang einer ziemlich eingreifenden Abweichung von C.'s Erklärung dargelegt sein wird. Was bedeuten denn nur jene zwei Bogen, die hier offenbar der Scenentrennung dienen, statt der Bäume, aber natürlich auch ihren besondern Sinn haben? Nach C. wären es Strafsenbogen über der grofsen, am rechten Donauufer entlang führenden römischen Reichsstrafse, zu beiden Seiten des Savus. Da wir von solchen nichts weiter wissen, kann C. ihnen auch keine andre Bedeutung beilegen als die, die Einmündung der Sau in die Donau zu markieren, die so ein bischen nah an Sirmium und gar Siscia liegen würde. Nein, sie sind etwas viel Wichtigeres, das hier viel bedeutungsvoller dasteht: es sind die ersten Anfänge der grofsen steinernen Brücke, des *pons Trajani*, die sogleich beim Beginn des Krieges in Angriff genommen sein müssen, wenn nicht, wie Fröhner S. X urteilt, schon im Zusammenhang mit dem Strafsenbau längs des rechten Stromufers. So könnten sie sehr wohl im Laufe des Sommers fertig gestellt sein, sie zuerst, um bei der Gründung der mächtigen Pfeiler im Flufs zur Richte dienen zu können.[1] Genau so wie der hintere Bogen in unserem Bilde, ist der einzig sichtbare Brückenbogen des *pons Trajani* dargestellt, wo die Brücke im zweiten Kriege fertig erscheint, Fröhner 128. Aber was noch viel beweisender ist: an dieser zweiten Stelle des Säulenreliefs ist der eine Brückenkopf der grofsen Brücke Fr. 129 f. (für jetzt II) offenbar dieselbe Stadt, bei welcher in Bild XXXIII (für jetzt I) eben der hintere Bogen steht, links das Kastell, rechts ein gröfserer Bau, zwischen beiden

---

[1] Dafs auf dem einen der Bogen bereits eine Victoria (?) auf einem Viergespann dargestellt ist, braucht man nicht wörtlich zu nehmen. Die Münzen (s. Fröhner S. 20) mit ihren je drei stehenden Figuren auf jedem Bogen liefern keinen Gegenbeweis.

das Amphitheater.[1] Gewifs sind abweichende Züge in allen drei Teilen. Dieselben erklären sich hier aber augenscheinlich nicht blofs aus der, bei allen solchen, namentlich von C. scharfsinnig erkannten Wiederholungen,[2] und überhaupt für alte Kunst charakteristischen Freiheit in der Wiedergabe bestimmter Vorbilder. Das Theater zeigt sich am meisten anders, aber doch nicht so sehr, dafs es in I ein steinernes, in II dagegen ein hölzernes wäre, wie Fröhner meinte. Die unten sichtbaren Bogen lassen auch hier, wie Fabretti S. 86 richtig sah, den Steinbau erkennen. Was augenscheinlich von Holz ist, das ist die Vorkehrung für ein *Velarium*, und das ist in der Zwischenzeit hinzugekommen. Zwischen I und II liegen ja ganze drei Jahre, während derer in jenem Orte durch die gewaltige Bauthätigkeit und die Kriegsereignisse ein ungewöhnlicher Verkehr und reges Leben gewesen sein mufs. Neu scheint auch ein gedeckter Zugang zum Amphitheater, von dem gleichfalls seit jener Zeit durch eine Portikus und Anbau rechts erweiterten Aufsenbau, der aber doch seinen Vorbau nach vorn in beiden Bildern hat. Man möchte ihn wegen solcher Verbindung mit der Arena für das kaiserliche Absteigequartier halten,[3] und in der That könnte Trajan in XXXIII von dort herzukommen scheinen — wenn nicht noch etwas mehr von aufsen, wofür sich gleich eine Erklärung bieten wird.

---

1 Schon Dierauer S. 87, 3 vergleicht beide Stadtbilder, aber ohne an Identität zu denken, nur um zu beweisen, dafs auch Donaustädte Amphitheater hatten. Eine Donaustadt hat er aber erkannt und richtig geschlossen, dafs Trajan im Winter sich nicht ganz entfernte.

2 Burg III = XLVII f.; Lager XXXV = XLVI; Kastell XXXIX = XLVIII; Lager LX = LXI; die dakischen Festen LXVII = LXX und LXXI. Dazu aufser der hier nachgewiesenen Wiederholung auch das Kastell XXXII = Fr. 124 f. und das Lager LXXIII = LXXV.

3 Auch Fröhner hält den Bau für den kaiserlichen Palast.

Die Burg weicht ja in einem wesentlichen Zug ab, in der Lage des Thores, das in I gegen das Theater, in II nach der andern Seite liegt. Dafs dies aber auf dem verschiedenen Gesichtspunkt beruht, erkennt man daran, dafs der Überbau des Thores überraschend folgerichtig das eine Mal in Vorder-, das andre Mal in Seitenansicht erscheint. Das grofse Haus in der Burg, in II rechts vom Thor, kann auch in I jenseit des Thores liegend verstanden werden; und von den manchen hier vorn in der Burg sichtbaren Gebäuden möchte eines wohl das links in II stehende sein, trotzdem hier zweifellos in einem Bilde von Holz ist, was im andern von Stein; aber darauf kann man unmöglich etwas geben.

Denkt man sich nur die Wiedergabe jener drei Baugruppen mit der Brücke als vierter, in diesen Reliefbildern nicht genauer als billig zu fordern,[1] so ist es nicht so unmöglich, wie es auf den ersten Blick scheinen möchte, die Gebäude und was sonst da ist, so zu ordnen, dafs sich vom Wasser her die Ansicht I, von weiter einwärts gegen den 'Kaiserbau' gesehen die andre ergeben würde. Das mag die Skizze (S. 40) zeigen, welche in den nach Kanitz a. a. O. S. 44 gezeichneten Plan des Kastells die Bauten und Schiffe des Reliefs einsetzt, und wo der Gesichtspunkt für I mit I, für II mit II bezeichnet ist.[2] Nicht zu verwundern ist es, dafs dabei die Brücke mit ihrer gewaltigen Ausdehnung dem Darsteller am meisten Schwierigkeit gemacht hat; in I hat er, weil ein Bogen allein unmöglich zu verstehen gewesen wäre, den

---

1 Wobei auch zu beachten, dafs der Ausführende bei I auf die Burg vornehmlich seinen Fleifs gewandt hat, bei II dagegen auf das Amphitheater und den Aufsenbau, dazu auf die Brücke, also auf die drei vornehmlich weiter entwickelten Bauwerke.

2 Ob sich an der betreffenden Stelle Reste eines Amphitheaters erkennen lassen, habe ich durch eine Anfrage in Belgrad nicht in Erfahrung bringen können.

vorderen,[1] d. i. natürlich der des jenseitigen Ufers, fast an das diesseitige, und darum den diesseitigen weit ins Land hineinschieben müssen; im andern hat er, um nicht die ganze Länge der Brücke zeigen zu müssen, sich erlaubt, die eine Hälfte hinter der Stadt zu verbergen.

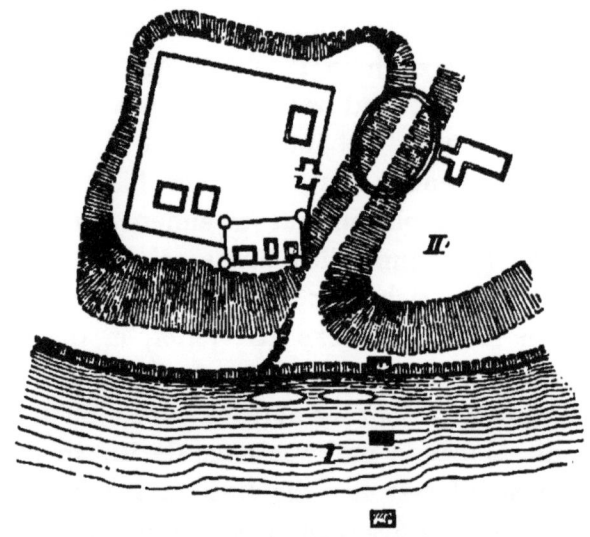

Daß nun aber trotz dieser Inkongruenzen dies wirklich der rechtsdonauische Brückenkopf *Pontes* ist, dafür giebt es noch einen Beweis. Wir sehen nämlich Trajan in XXXIII zu Schiffe abfahren, im nächsten Bilde ankommen, und nach erreichtem Zweck werden wir ihn von demselben Orte wieder abfahren sehen, an dem er vorher gelandet war; die Ankunft ist aber nicht dargestellt. Offenbar aus dem einfachen Grunde, weil er eben dahin zurückkehrte, von wo er ausgefahren war. Indem der Künstler dieses Selbstverständliche beiseite läßt, findet er Gelegenheit, einen zweiten Faden aufzu-

---

[1] Daß er im Wasser zu stehen scheint, erklärt sich aus der Notlage des Darstellers, wohl nur des Ausführenden: das Thor zeigen zu sollen und doch unmöglich das gegenüberliegende Ufer ins Bild bringen zu können.

nehmen, der dann sogleich wieder zu dem inzwischen an jener Stelle wieder angelangten Trajan hinführt. Und wo finden wir Trajan da? Allerdings nicht in Pontes, aber in nächster Nähe, nämlich bei den grofsen zum *pons Trajani* gehörigen Werken. Vielleicht ist also Trajan im Winter 101/2 gar nicht, wenn aber, jedenfalls nur kurze Zeit abwesend gewesen: nicht in Siscia oder sonst wo hat er sich ausgeruht, sondern den wichtigen Brückenbau persönlich überwacht und gefördert. Wenn nicht aus dem 'Kaiserhause', so würden wir also Trajan in XXXIII von der Brücke herkommend verstehen, und das ist in der That das was am ersten in I zu sehen ist.

Am rechten Ufer also der Donau, ankernd noch (der Mann vorn in der Bireme ist aber schon mit dem Ankertau beschäftigt), liegen die Fahrzeuge noch gegen den Strom — wofern die Richtung aufserdem, dafs sie die allgemeine Richtung des Fortschritts ist, noch einen besondern Sinn hat (vgl. oben S. 8f.). Viel Schwierigkeit — ich gestehe es — hat mir das Verständnis von XXXIV gemacht, bis ich von C.'s, schon durch Verkennung des vorigen Bildes verschobene Auffassung mich allmählich durcharbeitete zu einer Weise des Sehens, die mir ebenso überraschend scheint durch ihre Einfachheit, wie durch das Ingeniöse des künstlerischen Gedankens. Da er Trajan aus dem Savus hier in die Donau eingefahren glaubte, und wegen der Schiffsrichtung nach rechts, bei einer bekanntermafsen nach Untermösien, also stromab gehenden Fahrt, wollte C. hier zur Linken der Fahrenden das linke Donauufer sehen. Er vermeint hier 'das zur Linken des Kaisers bleibende Ufer von einem sich aus der Ebene erhebenden und nach rechts immer höher ansteigenden Gebirge begleitet' zu sehen,[1] 'das man sich

---

[1] Fröhner spricht von einer *rivière, qui est encaissée entre d'énormes rochers*, noch mehr gegen den Augenschein.

nach rechts zu noch weiter fortgesetzt zu denken habe', da 'der Künstler es dort nicht, wie er links thut, sich herabsenken läfst'. Von dem oberen Savus bis zum Ziele wäre das nur zwischen Lederata und Drobetae der Fall, und gegenüber von Lederata stiegen die Karpaten in ganz derselben charakteristischen Weise auf. Die Fahrt auf dieser schwierigen, durch die Stromschnellen gefährlichen Strecke darzustellen, hält C. noch für 'einen zweiten, besonders wichtigen Zweck', den der Künstler mit diesem Bilde verfolge, und er glaubt das auch an der 'scharfen Spannung' zu sehen, mit welcher Trajan in die Ferne ausschaue.

Jeder erfahrene Archäolog weifs, wie mifslich es ist, bei antiken Werken aus Augen und Richtung des Blickes Schlüsse für die Deutung zu ziehen; wenn aber in unserem Bilde etwas charakteristisch für die Situation ist, so ist es vielmehr die zu einer gefährlichen Fahrt wenig passende Plauderei der beiden Ruderer unmittelbar hinter dem Kaiser, der ja auch selbst sich mit seinem mitsteuernden Freunde unterhält. Nicht zu lösen vermag ich aber den Widerspruch bei C., dafs 'gar nicht an ein Passieren des Eisernen Thores selbst zu denken' sei, 'das im Altertum wohl unmöglich sei', und dafs doch im nächsten Bilde Trajan bei Drobetae landen soll.[1] Denn dafs trotz zweimaliger Scenentrennung die Fahrt doch von einem bis zum andern Ende gehe, ist ja ganz unmöglich zu bezweifeln.

Ebensowenig zu verstehen ist aber, wie C. in XXXV Trajan am linken Donauufer landen lassen kann, um ihn, ohne ein Wort über diesen merkwürdigen Sprung

---

[1] C. will S. 173 ihn lösen mit den Worten: 'die Landung wird dann, wie sich mit der Darstellung des Bildes gut vereinigen läfst, schon ein Stück oberhalb der Stadt erfolgt sein, da zumal die Lastschiffe die Stromschnellen nicht passiert haben können.' Dafs dies direkt der Darstellung entgegen ist, sieht jeder.

XXXV Schwierigkeit der Darstellung. 43

zu verlieren, im nächsten, nach C. selbst eng anschliefsenden Bilde auf der rechten Donauseite durch die Ebene von Niedermösien dahin sprengen zu lassen. Das letztere ist der feste Punkt, dank Cichorius' schlagend richtiger Kombinierung von Bild XXXI mit XXXVII. Von ihm ausgehend ergiebt sich mit einer Sicherheit, wie sie für solche Bilderklärung nicht leicht gröfser sein kann, dafs auch die Landung in XXXV am rechten Donauufer Untermösiens, etwa bei Novae stattfinden mufs. War nun in XXXIII Pontes, also ebenfalls ein Ort am selben rechten Stromufer dargestellt, so ergab sich für den Künstler offenbar eine Schwierigkeit, die nämlich, dafs die Fahrt, der allgemeinen Bewegungsrichtung wegen, nicht anders als rechtshin gehend darzustellen war; dafs ferner die bildliche Darstellung des Hintergrundes nicht gut entbehren konnte; dafs als solcher natürlich sich nur das Donauufer zeigen liefs, dies aber, den stromab Fahrenden zur Linken, nicht als das rechte, zwischen Pontes und Novae, sondern als das linke erscheinen mufste, wofern der Künstler nicht besonderen Ausweg ergriff. Das liefs sich, so viel ich sehe, auf zweierlei Weise machen: entweder, das im Hintergrunde dargestellte linke Ufer war hinter, d. h. rechts von **Pontes** und vor, d. h. links von **Novae** durch einen die Strombreite bedeutenden Zwischenraum zu trennen; oder aber er machte es so, wie es in XXXIV thatsächlich gemacht ist. Statt zweimaliger ist nur eine einmalige Unterbrechung des Hintergrundes zu sehen, zwischen der Stadt, die ich vermutungsweise Novae nenne mit dem turmartigen Bau, der selbstverständlich, ob es auch durch Schuld des Ausführenden nicht bestimmt angezeigt ist, zur Stadt gehört und auf ihrem Boden steht, und dem vermeintlichen Höhenzuge, den man, wie öfter, an dem Bauwerk hat enden lassen. Wie ist es nun aber möglich jenen Streifen unebenen Terrains für das zu halten wofür C., wie oben gesagt ist, es hält, für ein von links nach rechts immer höher ansteigendes Gebirge, das nur deshalb nicht rechts wieder fällt, weil noch weiter hin sich erstreckend. Wie, den glatten Streifen davor für die ungarische Ebene? Jener in gleichmäfsiger Höhe, mit eigentümlich gewundenem, scharf absetzendem unteren Rande sich hinziehende rauhe Streifen ist nichts andres und kann nichts andres sein, als das im Hintergrunde verschwindende Donauufer, die glatte Fläche davor das Wasser. Das Ufer zieht sich nach links heran nach vorn, hier undeutlicher werdend, um nicht die Verbindung mit Pontes zu sehr zu betonen. Denn trotz dem einen, vielleicht nur durch Schuld des Ausführenden zwischen die beiden Brückenthore reichenden Schiffsende, haben wir mit völliger Ablösung dieses Bildes von dem vorigen,[1] jenes sich windende Ufer in XXXIV nicht für das von Pontes nach Westen ziehende zu halten, das ja von keiner Bedeutung für die Darstellung wäre, sondern für dasjenige, an welchem die Fahrt nach Novae zuletzt entlang ging. Nur so bekommen wir ja auch die Vorstellung einer längeren Fahrt. Dieses Ufer und das, auf welchem rechts im Bilde Novae liegt, hat sich der Beschauer ganz im Vordergrund oder, besser, von idealem Standpunkt aus, hinter seinem Rücken zusammenschliefsend zu denken; und einigermafsen ist es ja auch im Bilde der Stadt deutlich gemacht, dafs diese sich schräge vorschiebt, nicht in der gewöhnlichen Ansicht einer im Hintergrunde liegenden Stadt. So widerspricht auch die Anfahrt der Schiffe, zumal nur das bereits ankernde Transportschiff zum Bilde der Landung gehört, durchaus nicht der Forderung geographischer Richtigkeit.

---

[1] Diese wird ja auch durch die Darstellung des nördlichen Brückenthores unbedingt notwendig.

XXXVI begiebt sich Trajan sogleich an der Spitze eines fliegenden Korps, das gebildet ist aus Reitern und Fufsvolk, Keulenträgern und andren, die von regulären Auxilia sich nur durch das Tierfell unterscheiden, das sie wie Musiker und Fahnenträger haben, auf die Verfolgung der Eindringlinge. Mag es der eine von vier Bäumen die einen Wald bedeuten verantworten, dafs C. die Bildscheide nicht da gesetzt, wo die Figuren auseinander gehen,[1] sondern vielmehr, wo sie einander zugekehrt sind, nämlich dem Kaiser entgegen die zwei Meldung bringenden Reiter kommen, die sich gewifs nicht herausnehmen, den Kaiser, wie C. meint, heranzuwinken, sondern mit der Rechten die Lanze vermutlich gegen den Schenkel gestemmt halten, gewifs in reglementsmäfsiger Weise.

XXXVII zeigt den Inhalt ihrer Meldung: dafs die voraufgesandte römische Reiterei die Barbaren gefafst habe. Obgleich diese nun keine Beute mit sich führen, dürfen wir doch wohl annehmen, dafs auch sie, wie die Folgenden, bereits wieder auf dem Rückweg waren, als sie auf die Römer stiefsen, und nun nach echter Sarmatenart auf raschen Pferden kehrt machten. In der That waren ja diese selben mit samt ihren Pferden vom Schuppenpanzer gänzlich überzogenen Reiter im Bilde XXXI auch die Vordersten beim Einfall. Die Daker, welche ihrem Beispiel folgten, wie es scheint, ereilt — langsam und zu Fufs, wie sie waren — die Strafe erst in dem nächsten Bilde.

XXXVIII, zwischen zwei Anhöhen, die C. nur vorgefafster Meinung zuliebe für hochansteigendes Gebirge erklärt, am Eingange eines Thales, über welchem links die Mondgöttin sich erhebt (wie auch auf einem Bilde

---

[1] Es ist sogar wohl möglich, XXXVI f. als ein einziges Bild zu fassen.

des zweiten Krieges Fr. 181), halten unter einer Drachenfahne drei mit Beutegut: Waffen und Gefäfsen beladene vierrädrige Wagen, an deren einem zur Charakterisierung der Barbaren, aber wohl der Wirklichkeit gemäfs, eine verstümmelte Leiche an eines der Hinterräder gebunden ist. Die deutlich gezeigte Deichsel[1] und dran hängender Joch- und Nackenriemen machen klar, dafs die Wagen ihrer Bespannung entledigt sind; und zwei am Boden liegende Schlafende, wofür sie C. richtig erkannt hat, vervollständigen das Bild nächtlicher Ruhe, welcher sich die heimkehrenden Räuber sorglos hingegeben haben. Aber da kommt über sie die römische fliegende Kolonne, wesentlich so zusammengesetzt wie XXXVI, nur ohne Trajan, vorne sie umfassend die Reiterei von rechts, reguläre und irreguläre Auxiliarinfanterie links und in der Mitte. Rings im Kreise greifen sie die Daker an, welche erwacht das Lager verteidigen, darunter auch zwei Pileati und wiederum ein römischer Überläufer in Dakertracht, worin C. scharfsinnig eine Beziehung zu XXXII erkennt.

XXXIX wird dann ein römisches Kastell gebaut unter Trajans persönlicher Aufsicht. In demselben stehend, hört er drei dakische Häuptlinge (Pileati) an, die demütig bittend oder dankend vor ihm stehen, während von links, also nicht von feindlicher Seite, dakisches Volk: Männer, Weiber und Kinder, ganz ähnlich den LXXVI aus dem bezwungenen Sarmizegetusa zur Auswanderung genötigten, mit bittenden Gebärden den Thoren des Kastells zuschreiten. Daran schliefst

XL f., ein grofses, ja das bedeutendste Schlachtbild des ersten Krieges, dessen Einheit C. gegen Fröhner

---

[1] Nicht 'gabelförmig' ist sie, sondern bekommt Halt durch eine vom Wagenkasten ausgehende mit der Deichsel, etwa in ihrer Mitte verbundene Stange, wie an griechischen Streitwagen eine Riemenverbindung ähnlich angebracht zu sein pflegt.

richtig betont, nur dafs auch er noch XLI absondert, was sowohl inhaltlich wie kompositionell zugehört. In symmetrischer Anordnung schliefsen an ein Mittelstück zwei Seitenbilder an. Denn um den dichten Knäuel des in wütendem Handgemenge kämpfenden Fufsvolks, dem sich noch rechts, loser gruppiert, einzelne Reiter und Infanterie, links, jenen Reitern entsprechend, ein Geschütz, unten Trajan und ein vor ihn geführter dakischer Gefangener anreihen, um dieses Mittelstück legen sich noch zwei Seitenbilder. Das rechte: gefallene und flüchtende Daker, ist ebensowenig wie das linke abzutrennen, und durch den Baum auf 109, wieder einen von mehreren, wird nicht schärfer abgesondert als drüben durch die Prätorianersigna die römischen Verwundeten in der Behandlung ihrer Ärzte, und darüber die Garde in Reserve.

Der Kampf geht in der Ebene vor sich, nur links und rechts sind Anhöhen, bedeutendere und bewaldete rechts, wohin die Daker fliehen. Dafs die Daker die Angreifer seien, von denselben Bergen, zu denen sie fliehen, herabgekommen seien, das ist durchaus nicht zu sehen. Vielmehr haben schon die in dichter Schar Kämpfenden dieselbe Richtung nach rechts wie die Flüchtenden, und mit anerkennenswerter Deutlichkeit ist im Bilde ausgesprochen, dafs die Daker sich nach den Bergen durchzuschlagen suchen, von römischer Artillerie im Rücken bedroht, angegriffen aber von Legionaren oder Garden und regulärem wie irregulärem Auxiliarfufsvolk in der rechten Flanke, während die römische Kavallerie sie von der linken Flanke umfafst und, schon mit der Infanterie des römischen rechten Flügels vereint, die vordersten des feindlichen Zuges niedergemacht hat. So mögen wir auch die zahlreichen weiter rechts liegenden Daker gefallen denken, obgleich mehr als einmal z. B. XXIV, LXX gefallene Feinde auch da liegen, wo sie nicht gut gefallen sein könnten, ohne dafs die zuletzt siegreichen Römer vorher einen Teil des schon gewonnenen Terrains wieder verloren hätten, was gewifs nicht gemeint ist.

Nach dieser, eine Reihe von rasch aufeinander folgenden Schlägen abschliefsenden Hauptschlacht, dann

XLII eine Ansprache Trajans an die im Viereck um ihn aufgestellten Truppen und zwar augenscheinlich die an den letzten Kämpfen beteiligten Truppen; und gleich daneben zeigt

XLIII die Internierung dakischer Gefangener in einer römischen Festung und zwar, wie wiederum C. gut gesehen hat, derselben, die XXXIX gebaut wurde; danach

XLIV die Austeilung von Belohnungen durch den Kaiser an die Auxilia, und des Kontrastes wegen daneben gestellt, obgleich räumlich notwendigerweise erheblich entfernt, sieht man

XLV die Marterung römischer Gefangener durch dakische Weiber. Ist schon hiermit der Schauplatz der Vorgänge seit XXXVI verlassen, so sind wir mit

XLVI wieder an der Donau, und zwar hat C. wieder trefflich gesehen, dafs das Schiff, auf welchem und der Ort, bei welchem Trajan sich hier einzuschiffen im Begriffe ist, während noch ein paar Daker, von Auxiliaren geleitet, seine Gnade anflehen, eben dasselbe Schiff ist, auf dem Trajan XXXIV gefahren und derselbe Ort, wo er XXXV gelandet war. Die Übereinstimmung beider Stadtbilder wird noch gröfser, wenn wir das turmähnliche Haus links über dem Ufer nicht mit C. zu XLV, sondern zu XLVI ziehen als den üblichen, auch XXXV links neben der Stadt stehenden Vorort. Kein Zweifel ferner, dafs auch das Transportschiff in gleicher Lage zum Kaiserschiff gehört, dort bei Scenentrennung, hier unbedingt innerhalb desselben Bildes: die Figur des vordersten Soldaten kann zweifeln lassen,[1] aber die beiden dahinter tragen das Gepäck offenbar nicht weg vom Schiff, sondern hin zu demselben. Abgesondert wie bei C., hätte ja auch dies Bild weder Existenzberechtigung noch Analogie. Auch die rauhe Höhe daneben gehört augenscheinlich nicht zum vorigen, sondern zum folgenden Bilde, und dient weit auseinander Liegendes sichtlicher zu scheiden. Da die Legionssigna im Schiff in den Kämpfen seit XXXVI nicht gesehen sind, aber genau so überhaupt nicht wieder vorkommen, so mag man denken, dafs die Legion von diesem Orte entweder zur Ablösung der statt ihrer zurückgelassenen Gardeabteilung, oder mit dieser dem Kaiser folgt.

Die Identität des Ortes (Novae?) in XXXV und XLVI hat nun aber für C. eine ganz andre Bedeutung als in dem hier dargelegten Zusammenhang der Ereignisse. Für C. lag der Ort am linken Donauufer. Von da liefs C. Trajan unvermittelt auf das rechte Ufer überspringen; nach der Verjagung der Sarmaten, die nicht als eine grofse Sache dargestellt ist, dann abermals ebenso unvermittelt wieder auf das linke übersetzen, an den Fufs der Karpaten. Dabei begreifen wir denn aufser allem anderen auch das nicht, weshalb Trajan, wenn es noch Winter war, sich nicht mit der Säuberung Niedermösiens begnügte, auch schon schwierige, sogar im ersten Kriege noch gar nicht berührte Partien Dakiens angriffe. War es aber nicht mehr Winter, so verstehen wir nicht, weshalb Trajan diese Operation alsbald wieder aufgäbe. Ich kann die Vermutung nicht unterdrücken, dafs C. zu dieser in der That auf nichts gegründeten, ja sogar aller Wahrscheinlichkeit widerstreitenden Lokalisierung der Vorgänge von XXXVIII an, lediglich durch den Wunsch bewogen worden ist, den nicht allzu sicher

---

[1] Man vergleiche den von hinten gesehenen Träger in XXXIII.

bewiesenen Weg und Richtung des zweiten Feldzugs (im J. 102) durch das Alutathal schon hier im voraus etwas zu stützen.[1]

Aus dem dargelegten, unzerreifsbaren Zusammenhang der ganzen Reihe von XXXV bis XLVI ergiebt sich vielmehr als selbstverständlich, dafs alle jene Ereignisse sich auf der rechten Donauseite abspielen, und dafs Trajan, nach Wiederherstellung und Befestigung der Ordnung in jener Provinz, sich eben da wieder einschifft, wo er gelandet war.

Dagegen erscheinen Trajans Mafsnahmen bei C. in sonderbarem Lichte, indessen lediglich dadurch, dafs er die so leichtverständliche Folge der Thatsachen durch die unglücklichen Seitenblicke nach dem Alutathal verwirrt hat. Das Relief läfst auf den Einfall der Barbaren sofort Trajans Rückkehr auf den Kriegsschauplatz folgen. Trotzdem versichert C. S. 182: 'die Nachricht hiervon' (d. h. von jenem Einfall) 'kann Trajan übrigens bei seiner in Bild XXXV dargestellten Ausschiffung noch nicht gehabt haben'. Warum nicht? fragt man hier, erhält aber keine Antwort und kann sich in C.'s Darlegung keine andre denken als: weil Trajan sonst nicht am linken, sondern am rechten Ufer gelandet wäre. Ja, warum landet er denn aber bei C. am linken, in Drobetae? Auch darauf bekommt man zunächst keine Antwort, sondern erfährt erst einmal, dafs Trajan nun wirklich die Kunde von dem erfolgten Barbareneinfall bekommt (S. 195) und deshalb nun (nicht dargestellt) aufs rechte Ufer übergeht, doch zu spät kommt zum Schlag auf die Sarmaten; dann, da die Daker schon wieder aufs linke

---

[1] Dies wird deutlich S. 195, wo C. durch seine, weiterhin zu verwerfende, Erklärung von XXXIX eine rätselhafte Thatsache in der Darstellung des zweiten Feldzugs begreiflich zu machen wähnt. Auch S. 196 erkennt man unschwer dieselbe Tendenz.

Ufer sich zurückgezogen, ihnen (wieder nicht dargestellt) dahin folgt, sie schlägt und dann zu seinen Schiffen nach Drobetae zurückkehrt 'und nun die unterbrochene Flußfahrt fortzusetzen im Begriff steht' (S. 221). Also jetzt erfahren wir hoffentlich, was das Ziel war S. 222: 'die Fahrt Trajans müſste, wenn von dort (Drobetae) ausgehend (nicht doch! sie wurde ja dort unterbrochen), nach der unteren Donau gerichtet sein und etwa eine Inspizierung der dortigen grofsen Legionslager, sowie der unteren Donaugrenze überhaupt bezwecken, zu der die kurz vorher erfolgten feindlichen Einfälle die Veranlassung gegeben haben könnten'. Jetzt weiſs man wirklich nicht, ob Trajan, da er nach C. in Drobetae landete, von dem Einfall Kunde hatte oder nicht; denn er soll sie nicht gehabt haben, als er bei Drobetae (nach C.) landete, und er soll sie gehabt haben, als er sich zuerst einschiffte.

Dagegen ist nun die Darstellung der Säule so klar und folgerichtig, daſs man selten so sicher ist, den Zusammenhang wirklich zu erfassen, zumal hier ein von C. herangezogenes schriftliches Zeugnis zu Hilfe kommt. Jordanes *Getica* XVIII nämlich sagt, daſs zum Gedächtnis eines Sieges von Trajan in Untermösien die Stadt Nikopolis gegründet worden sei. Freilich nennt nun Jordanes als Besiegte nur die Sarmaten, und so bezieht C. diese Nachricht auf die in XXXVII dargestellte Vertreibung dieser Eindringlinge, obgleich dieser Erfolg im Bilde nicht von sonderlicher Bedeutung erscheint, und, wie C. S. 181 und 195 bemerkt, vor Trajans persönlichem Eintreffen erfochten wurde. Anders, wenn die beiden auf die Vertreibung der Sarmaten unmittelbar folgenden Schläge mit jener zusammengefaſst werden: der nächtliche Überfall der Räuber XXXVIII und die grofse von Trajan selber geleitete Schlacht, in welcher die Hauptmasse der Daker abgeschnitten und fast ganz vernichtet wird.

Denn hier, bei den zuletzt Angetroffenen müssen wir an die in XXXI zuletzt[1] über die Donau Gegangenen denken. Warum sie nicht mehr zu Pferde sind, ist oben gesagt. In der That nennt ja auch ein besserer Zeuge als Jordanes, nämlich Ammianus Marcellinus[2] 31, 5, 15 nicht die Sarmaten, sondern die Daker: *Nicopolis quam indicium victoriae contra Dacos Traianus condidit imperator.* Die Säule lehrt uns jetzt, daſs beide Zeugnisse zu verbinden, daſs von den nacheinander, aber zusammen zu nennenden Sarmaten und Dakern, Jordanes nur die ersten, Ammianus nur die letzteren, die Hauptgegner genannt hat. Und können wir zweifeln, daſs die zwischen dem zweiten und dritten Schlag in XXXIX angelegte, nach dem dritten in XLIII schon zur Haft der Gefangenen dienende Festung eben der Anfang von Nikopolis ist? Und nun meine ich auch die in XXXIX bei der ersten Anlage heranziehenden Daker[3] mit Weibern und Kindern als zur Ansiedelung an dieser Stelle bestimmt zu erkennen, ja wiederzuerkennen in ihnen die in XXIX zur Deportation im Donauschiff Abgeführten, insbesondere den Mann mit dem Knaben und die Fürstin mit ihrem Kindchen.

---

1 So versteht es ja auch C. S. 150 f.

2 Angeführt in Mommsens Ausgabe des Jordanes zu der Stelle und von Benndorf (Tocilesco), das Monument von Adamklissi S. 124. Die an letzter Stelle versuchte Beziehung, die schon Röm. Mitt. 1896 S. 104 f. bekämpft wurde, hat nunmehr allen Boden verloren; wie andrerseits mein ebda S. 109 gemachter Versuch, C. XXXI mit dem Tropaeum Traiani zu kombinieren, gescheitert ist.

3 Jedenfalls sind die aufsen links herankommenden nicht von Bergen niedersteigend dargestellt, so wenig wie die Mauer neben ihnen, oder wie die Soldaten in den Bildern VIII, LI, LXI, LXV u. s. w. Die Häuptlinge (Pilophoren), die hier ausnahmsweise (nur Fr. 172, vielleicht durch Miſsverstand des Ausführenden, steht gegenüber XXVIII, XLVI, LXI, LXVI, LXXV, Fr. 159 und 164), dem Volk vorangegangen, innerhalb des Kastells vor Trajan stehen, zeigen schon die Aufnahme in der Ansiedelung an.

Parallelen 101/2 und 104/5.

Bei der Einschiffung verläfst die bildliche Erzählung Trajan; der beste Beweis, dafs XXXV—XLVI nicht ein die Flufsfahrt unterbrechendes Intermezzo war; denn dann müfste jetzt die Fortsetzung derselben folgen. Hingegen schliefsen wir aus dem Umstand, dafs die Fahrt selbst nicht dargestellt wird, dafs sie eben dahin zurückging, woher sie gekommen, und das wird sich alsbald bestätigen, wo uns Trajan wieder vor Augen tritt.

Nicht umhin kann ich aber hier, auf die grofse Ähnlichkeit hinzuweisen, welche die jetzt überblickten Vorgänge zwischen dem ersten und dem zweiten Jahre des ersten Krieges haben mit denen zwischen dem ersten und zweiten Kriege, auch in der künstlerischen Darstellung unserer Bilderchronik, wie ich sie früher schon Röm. Mitt. 1896 S. 104 ff. gegenüber einer ganz anderen Auffassung verstehen zu müssen geglaubt habe. Im Winter 104/5 haben die Daker ebenso wie 101/2 die vermeintliche oder wirkliche Abwesenheit Trajans zu einem Angriff benutzt, das eine Mal auf Niedermösien, das andere Mal auf den fertigen pons Trajani. Beide Male galt es in der Darstellung zwei eine Weile besonders zu spinnende Erzählungsfäden, nämlich das Unterfangen der Daker (als A bezeichnet) und die Gegenmafsregel der Römer, besonders Trajans (B), danach zu verknüpfen. Der Künstler hat aber die Aufeinanderfolge der Fäden mit gutem Bedacht beidemal verschieden geordnet, für den Winter 101/2 AB:B+A, im Winter 104/5 B(B)A : A + B. Dafs die beiden Bilderreihen auch noch einen tieferen Bezug haben, das ist schon a. a. O. S. 109 ausgesprochen, und das ist, nachdem mir von C. für die Reihe XXXI f. die Augen geöffnet sind, nur noch klarer geworden.

XLVIII folgt nämlich ein neuer Donauübergang der Römer auf einer Schiffbrücke, der durch seine grofse Ähnlichkeit mit dem ersten in IV f. ohne weiteres sich als Beginn eines neuen Feldzugs darstellt; zumal sich, nachdem die, wie es scheint neu herangezogenen Truppen drüben mit Trajan und dann mit andern voraufgegangenen sich vereint haben, auch die Lustration wie in VIII wiederholt. Auch hat C. richtig erkannt, dafs die Burg oben in XLVIII, der rechtsdonauische Brückenkopf, dieselbe ist wie in IV, wo der hohe Abhang gröfstenteils durch den Danuvius verdeckt war. Das ist zu IV schon, gegen die verkehrte Scenentrennung von XLVII und XLVIII, ausgeführt; auch schon bemerkt worden, dafs das dritte Burgthor, aus welchem dort die Mannschaften herausmarschieren, nicht, wie es auf den ersten Blick jedem scheinen mufs, mit dem hier fast an gleicher Stelle unten stehenden identisch ist. Jenes dritte steht hier weiter rechts und höher, und das unten, dicht am Wasser stehende ist seitdem hinzugekommen. Ebenso ist auch der Pallisadenzaun neu, der von der rechten Seite dieses Thores — man sieht ja noch einen Soldaten dahinter in der Richtung vom Thore her, die nächsten dann einbiegend ins Thor und weiter auf die Brücke tretend — mit der Burg oben in Verbindung steht, und, wie C. sehr richtig gesehen hat, bestimmt zu unterscheiden ist von einem auf Pl. 122 oben rechts beginnenden. Teils durch Unachtsamkeit des Ausführenden, teils durch spätere Zerstörung ist hier die klare Erkenntnis etwas beeinträchtigt. Das 122 oben rechts eingehauene Loch (zur Herausholung des Metalldübels) trifft nämlich grade das Ende der Burg, die auf dem rechten Stromufer steht, und des Zaunes, der auf dem linken unmittelbar bei der Brücke[1] anhebt, weiter unten freilich durch die Soldaten verdeckt. Durch Unachtsamkeit des Ausführenden sodann hat der vom Brückenthor unten zur Burg oben hinaufziehende Zaun eine Lücke, zwischen den zwei Signa

---

[1] Ähnlich, in kleinerem Mafsstab XVII.

links, vielleicht weil er links zu hoch gemacht war. Ein weiteres Versehen ist vielleicht die Fortführung über das Thor oben hinaus bis nah an die Mauerecke und die in ihrer Bedeutung nicht klare fensterartige Holzkonstruktion, die trotz des kleinen Zwischenraumes, durch die Schräge ihrer Horizontalen sich als zu dem Pfahlwerk links gehörig ausweist. Trotz alledem ist die Hauptsache genügend klar: der in IV in Verkürzung gesehene und nicht weiter befestigte Abweg von der Burg zur Schiffbrücke ist in der Zwischenzeit befestigt worden und diese Befestigung setzt sich auf dem andern Ufer fort, hier der gröfseren Ausdehnung wegen als viel stärkeres und komplizierteres Werk, bis sie auch zwar nicht ein Kastell aber doch den Höhenrand erreicht.

Auch hier ist C. durch seine Ansicht über den Weg, welchen Trajan im zweiten Feldzug genommen haben soll, vom richtigen Sehen abgehalten und auf seltsame Abwege geführt worden. Um die Armee nämlich möglichst bald an das Alutathal gelangen zu lassen, hat er den durch die Trajanischen Werke selbst hergestellten Zusammenhang zwischen den beiden Burgen XLVIII und L auf dem linken und rechten Ufer der Donau zerrissen und, was kaum in Scenen abzuteilen, auf drei weit auseinanderliegende Punkte verteilt. Ausschlaggebend ist das Mittelstück XLIX. Der linke Scheidestrich bei C. trifft allerdings genau oben die Grenze zwischen rechtem und linkem Ufer, unten das Ende der Brücke, und insofern als die Signa ja gewöhnlich an der Spitze der Marschkolonne sind, kann man hier einen neuen Zug beginnen lassen, aber doch eigentlich nur in Bezug auf die tiefer im Grund marschierenden *loricati;* denn weiter vorn sind ja *equites singulares*, die auch in Bild V vor den Signa und Offizieren ziehen. Auch ist die in XLIX durch die Mauer bewerkstelligte Scheidung der beiden Züge, der Reiter weiter vorn, der loricati weiter hinten, schon auf der Brücke unverkennbar vorbereitet. Völlig verfehlt aber ist es, in XLIX einen gleichmäfsig sich hinziehenden Bergrücken[1] zu erkennen, und von diesem die Truppen in Serpentinen herabsteigen zu sehen. Wie so etwas leicht verständlich darzustellen gewesen wäre, zeigt uns selbst der so viel geringere Darsteller der Marcussäule XIV, nämlich durch im Zickzack auf- oder niedersteigende Bewegung mit wechselnder Richtung, während C. unbegreiflicherweise S. 233 grad im Gegenteil meint, dafs von den ins Thal absteigenden Serpentinen 'der Künstler... der Verständlichkeit wegen (!) immer nur die nach rechts führenden Stücke zeigt'. Ja wenn sie nur wenigstens deutlich abwärts gingen! Alle drei parallelen Züge marschieren aber vielmehr völlig in der Horizontale, wobei wir sogar die Steigung der Spirale aufser Acht lassen. Nichts gewisser also, als dafs die drei parallelen Züge alle in der Ebene marschieren von der Donau bis an den Fufs der in L dargestellten Höhe; es ist nur, wie in der Regel, das Hintereinander zu einem Übereinander geworden. Selbstverständlich sind also auch die drei parallelen Werke: vorn eine Mauer, dahinter ein Pallisadenzaun, dahinter wieder eine Mauer, in der Ebene nebeneinander herlaufend zu denken, soweit sie fertig sind. Denn es kann nicht etwa blofs aus Gründen bequemerer Darstellung sein, dafs die hintere Mauer weder links noch rechts einen Abschlufs hat, überhaupt nur so kurz ist;[2] dafs ferner der Pfahlzaun rechts zu früh endet und die vordere Mauer an der Brücke ohne Thor ist, wie jenseits eines steht. Da das ganze Werk aber seit dem vorjährigen Donauübergang

---

[1] Auch Fröhner freilich sah die Artillerie '*sur la crête de la montagne*'.

[2] Links konnte diese Mauer allerdings nicht so weit geführt werden im Bilde wie das Pfahlwerk davor, ohne mit der Burg zusammenzustofsen und das Stromintervall aufzuheben.

in Bild IV entstanden ist, erscheint die Unfertigkeit ja durchaus begreiflich. Auch der ragende Balkenbau in dem Turm, mit welchem die vordere Mauer rechts abschliefst, ist augenscheinlich noch unvollständig, zu ergänzen nach andern Holzgerüsten über Mauern, Türmen und Thoren. Wozu nun hat Trajan dieses grofse Werk jetzt anlegen lassen? Was ich Röm. Mitt. 1896 S. 109 schon vermutungsweise aussprach, das möchte ich jetzt, nachdem ich durch C. die Identität der Burg in XLVIII und IV gelernt habe, von demselben auch auf das von der Burg zum Brückenthor hinabgehende Pfahlwerk aufmerksam gemacht bin, mit voller Entschiedenheit behaupten, dafs die zwei Parallelmauern, die hier vom linken Donauufer, bei der Schiffbrücke anhebend, durch die Uferebene bis zu den Bergen sich hinziehen, eben dieselben sind, welche im Beginn des zweiten Krieges (Fr. 126 f.) von den Dakern mit aller Gewalt bestürmt, von den Römern mit Mühe verteidigt werden, sogar noch durch Aufführung einer dritten Mauer, bis im Augenblicke höchster Gefahr Trajan selbst mit Verstärkung eintrifft. Wenn dort der weitere Zusammenhang verkannt worden ist, war das nicht des Darstellers Schuld. Derselbe hat, wie ich a. a. O. S. 108 f. dargethan habe, völlig unzweideutig anschaulich gemacht, dafs Trajan vom linksdonauischen Brückenkopf seiner grofsen eben fertiggestellten Brücke, also von Drobetae weiter linkshin, d. h. nach einfachstem Verständnis des Bildes stromauf eilend, als ersten Punkt jene quer durch das Bild ziehende Doppelmauer trifft, die ja zu gröfserer Übereinstimmung mit XLIX und L, an ihrem linken Ende (wie in L unserer von der entgegengesetzten Seite gegebenen Ansicht am rechten) ein auf der Höhe[1] gelegenes Kastell hat. Die Nähe dieser

---

[1] Dasselbe ist nur des engen Bildraumes wegen vermindert, aber immerhin als hoch gelegen kenntlich gemacht.

Mauern bei der Brücke und die gewaltige Anstrengung, welche die Daker machen, um sich dieser Mauern zu bemächtigen, lassen keinen Zweifel, dafs die Mauern ein Bollwerk zum Schutze der Brücke sind, das wir doch wohl nicht allzuweit oberhalb, etwa von Turn-Severin gegen die Höhen im Nordwest gezogen denken dürfen. In Bild XXXIV sahen wir die Brückenthore des *pons Trajani* schon fertig; um dieselbe Zeit mufs auch dies Bollwerk schon voll in Angriff genommen gewesen sein, beides wahrscheinlich gleichzeitig schon mit Beginn des Krieges, wenn nicht schon im Zusammenhang mit dem grofsen Strafsenbau längs der Donau.[1] Nicht an derselben Stelle, aber gewifs nahebei mufste auch, des Baues der festen Brücke wegen, ohne Zweifel eine Schiffbrücke vorhanden sein; und das war vermutlich diejenige, auf welcher im J. 101, in Bild IV, und im J. 102 in Bild XLVIII die Armeen über die Donau gehen. Denn ebenda, wo der geeignetste Punkt war zur Eröffnung der Feldzüge, sollte natürlich, wie früher die Schiffbrücke, so fortan die feste stehen. Darum hielt C. ja auch das Kastell in IV und XLVIII für *Pontes*. Dies haben wir aber wegen der Übereinstimmung mit Fröhner vielmehr in XXXIII erkannt. Dafs nun aber das Kastell IV und XLVIII wirklich in der Nähe der festen Brücke und seines mösischen Brückenkopfes *Pontes* liegt, wie ich aus dem ganzen Zusammenhang der Bilder XLVII bis L zu erweisen suchte, das stellt sich nun auch noch aus anderm schon angedeutetem Zusammenhang heraus.

In XXXIII hatten wir Trajan bei *Pontes* von der Seite der festen Brücke herkommen sehen, um sich einzuschiffen und dann etwa bis Novae zu fahren und daselbst zu landen. Ebenda sahen wir ihn sodann in XLVI wieder, sich einzuschiffen bereit; und daraus, dafs

---

[1] S. Dierauer Beiträge S. 72.

die Fahrt selbst nicht dargestellt war, durften wir den Schlufs ziehen, dafs sie eben dahin zurückgehen würde, von wo sie hergekommen war. In der That finden wir jetzt Trajan bei dem grofsen Brückenbollwerk auf der dakischen Seite wieder, zum Empfang der zum neuen Feldzug über die Donau gehenden Truppen von der Höhe des Kastells herabsteigend. Ob nun die Armee wirklich in dieser Weise teils zwischen, teils neben der Doppelmauer und dem, wie ich annehme, nur zu Anfang gezogenen, später wegzunehmenden Pfahlwerk dazwischen marschiert ist, oder ob der Künstler diese Form spontan wählte, um die Beschaffenheit der Anlage besser ins Licht zu stellen, das macht nicht viel aus.[1] Dafs die drei Züge alle drei Teile einer Armee: Reiterei, Fufsvolk und Trofs enthalten, hat C. richtig bemerkt; dafs von ihnen der mittlere allein austretend und dem Kaiser entgegen kommend dargestellt ist, hat gewifs nur künstlerischen Grund. Dafs an seiner Spitze wieder *Signiferi* ohne *Signa*, nicht sowohl marschieren, sondern paradem äfsig stehen, soll vielleicht nur deutlicher machen, was auch so schon einleuchtet, dafs die Truppe nicht auf die Burg, sondern mit Trajan unten weiterziehen wird.

Nach dem was über Lage und Zweck des ganzen Bollwerks gesagt wurde, ist die hintere die äufsere, die eigentliche Hauptmauer. Fertig, würde sie vermutlich ebenfalls am rechten Ende einen Turm haben, und zwischen beiden Türmen können wir kaum umhin ein Thor zu denken, wenn auch natürlich noch nicht vorhanden. Ohne direkte Beziehung zur bildlichen Erzählung steht nun die eigentümliche grundrifsartige Zeichnung eines Zickzackwegs von unten hinauf zu der Burg auf der Höhe. Richtiger als ich a. a. O. am unteren Ende

---

[1] Jedenfalls dienen Mauer und Zaun auch demselben Zweck, den wir unten S. 90 durch Terrainwellen erreicht sehen werden.

den Eingang eines Tunnels, aus dem auf der andern Seite die Armee debouchiere, hat C. hierin das Thor zu dem Zickzackwege erkannt; aber richtiger als er jetzt in Wort und Skizze S. 229 hatte ich damals gesehen, daſs am Weg nicht auf beiden, sondern immer[1] nur auf einer, und zwar auf der Auſsenseite die runden Knoten sich finden. Deshalb, aber auch weil in Abständen, können es nicht Pallisaden sein, sondern vielmehr die Pfähle eines Geländers, wie wir es auf L neben dem Aufstieg zur Burg und merkwürdigerweise mit demselben Fehler bei der ersten Gegenwendung auf derselben Seite weitergeführt sehen. Es kann also, trotz nicht buchstäblicher Übereinstimmung von Ansicht und Grundriſs, m. E. nicht zweifelhaft sein, daſs uns eben derselbe Anstieg, welchen wir zwischen dem runden Turm und dem Kastell oben in Ansicht sahen, zu besserem Verständnis hier gleich daneben im Grundriſs dargestellt wird, mit je in den Winkeln des Zickzacks liegenden Vierecken, deren Bedeutung nicht klar ist; auch mit dem Thor am Ende, das ein doppeltes, ein inneres und ein äuſseres zu sein scheint. Dies Thor würde der in XLIX noch nicht abgeschlossene Ausgang zwischen den zwei Rundtürmen sein, von denen auch erst einer sichtbar, wenn es nicht vielmehr eine sehr summarische Andeutung beider Thore ist: am Fluſs- und am Bergende, also der ganzen Doppelmauer von einem Endthor zum andern, freilich mit Weglassung der Türme, die ja — unter solcher Voraussetzung — auch nur zu dem hinteren, inneren, in XLVIII f. noch fehlenden Thore gehörten. Auch darin scheint ja zwischen Ansicht und Grundriſs Übereinstimmung zu sein, daſs der Geländerweg nicht ganz bis

---

[1] Ausgenommen auf der ersten Wendung links, wo durch Versehen die Pfähle zuerst gemacht, später nicht ganz wieder getilgt sind. Wie C. urteilt auch Fröhner.

zur Burg sich erstreckt; vermutlich war weiter oben der Weg nicht so nah am jähen Absturz. Ungewöhnlich wie dies ganze Nebeneinander von Grundrifs und Ansicht ist auch das von C.'s scharfem Auge, unterhalb der unten das Bild begrenzenden Terrainzone, entdeckte Wasser, oben sichtbar auf Pl. 108 f. Da diese Andeutung zu letzterer Stelle, Bild XL, zu welchem es streng genommen gehören würde, unmöglich zugezogen werden kann, mufs sie, wenn überhaupt beabsichtigt, zu dem Grundrifs gehören, und würde als Andeutung der dort am Brückenthor vorüberflutenden Donau ja zu der ganzen Darstellungsart wohl passen.

Freilich ergiebt sich mit dieser Erklärung und Lokalisierung der Doppelmauer und der sie beherrschenden Bergfestung in der Nähe von Turn-Severin bereits ein sehr ungünstiges Vorurteil gegen C.'s ganzen Nachweis des Weges, den Trajans Hauptarmee im zweiten Feldzuge des ersten Krieges genommen haben soll. Denn statt die Armee in L bei Bumbesti am Schyl, halbwegs von Drobetae bis zur Aluta gekommen zu sehen, finden wir sie vielmehr noch unfern Drobetae, von wo es sehr schwer hält, sie mit gewaltigem Sprunge im nächsten Bilde mit C. bei Rimnik am Alt debouchieren zu lassen, ganz abgesehen davon, dafs das letzte Stück Weg vor Rimnik nach der Karte wenigstens nicht zu Berg wie im Bild, sondern zu Thal geführt zu haben scheint.

Trajan wäre nach C. in diesem zweiten Feldzug in weitem Bogen, zuerst nach Nordost und Ost zum Alt marschiert, im Altthal sodann über die Karpaten, vom oberen Altthal nordwestlich ins Thal des Maros, in diesem südwestlich, dann südlich gegen Sarmizegetusa. Den einzigen Beweis dessen soll, wie C. selber S. 239 anerkennt, das charakteristische Lokal von Bild LVIII liefern, weiterhin dann der eigentümliche Quell in LXXIV. Aufserdem haben wir gesehen, dafs schon die Bilder

XXXVIII bis XLI aus dem Winter 101/2 von C. in einer Weise erklärt wurden, daſs darin eine Vorbereitung der vorbeschriebenen Route gefunden werden müſste, und endlich hat er sich bemüht, in verschiedenen Bildern die Terrainformation jener Route nachzuweisen. Daſs von diesen Beweisen der aus XXXVIII f. hergenommene wegfällt, ist schon gesagt; die übrigen sind ihres Orts zu beleuchten; daſs sie wenig haltbar sind, will ich indessen schon hier bemerken.

Daſs Trajan, nachdem er im ersten Feldzug am Eisernen Thorpaſs halt gemacht, und wenn er selbst nicht durchzudringen vermochte, oder wenigstens den Versuch nicht der groſsen Opfer wert achtete, doch den Dakern diesen Ausgang verlegte, nunmehr im zweiten von andrer Seite ins Herz des feindlichen Landes zu dringen suchte, um die Verteidigungskraft der Daker zu teilen, das scheint einleuchtend. Wenn dazu einzig und allein der Rote Turmpaſs im Altthal geeignet war, so hat C.'s Erklärung der weiteren Bilderreihe ja von vornherein vieles, ja alles für sich. Wie weit diese Voraussetzung richtig ist, bin ich zu beurteilen nicht im stande, aber wenn C. selbst S. 294 f. die maurische Reiterei des Lusius Quietus über den Vulkanpaſs gegangen denkt, so müſste dieser doch auch für die römische Armee nicht zu schwierig befunden werden. Daſs die Zahl der Stationen im zweiten Feldzug ungefähr dieselbe ist wie im ersten, scheint mir eher für den Weg über den Vulkanpaſs zu sprechen, als für den mindestens doppelt so weiten über den Roten Turmpaſs; gegen letzteren vielleicht auch das, daſs wir in der ganzen Bilderreihe nur zweimal Wasser den Weg der Römer kreuzen sehen. Doch, auſser stande, einen Vergleich der Landschaften des Reliefs mit denen jenes Weges anzustellen, muſs ich mich darauf beschränken, C.'s Vergleiche und Identifikationen zu prüfen.

LII, wo die Römer eher eine Strafse als eine Festung bauen mögen, und dabei von Trajan dakische Gesandte empfangen werden, spielt auf unebenem Terrain, mit ragender Bergfeste im Hintergrund; LIII aber, das vom Lustrationsopfer umkreiste Lager, und LIV, die Ansprachen, gehen wieder in der Ebene vor sich; und C. findet dafür eine schmale Uferebene (vgl. die Kartenskizze S. 256) genügend, was kaum zu billigen ist. LV, die marschbereite Truppe und LVI, den Bau einer Brücke über einen Bergstrom und weiter einer Strafse an einem Kastell vorüber, trennt C. in zwei Scenen, was so viel oder wenig zutreffen mag, wie z. B. XIX, XX. Ganz aus der Weise bildlicher Darstellung überhaupt und der trajanischen insbesondere herausfallend wäre, was C. in LV erkennt, nicht die im bergan Marschieren halt machende und auf Fertigstellung der Brücke wartende Truppe, sondern eine 'Einleitung und Erläuterung', gewissermafsen eine Kapitelüberschrift, eine Vorankündigung des nach dem Brückenübergang folgenden Anstiegs.[1] Anders als durch Supposition einer solchen Umkehr liefs sich der in der Kartenskizze S. 256 vorgelegte Sachverhalt, dafs die Römer erst nach der Altbrücke zu steigen haben, mit dem Bilde, wo sie schon vorher steigen, nicht vereinen. Aber kann denn der Sturzbach in LVI überhaupt der an der gemeinten Stelle durch ebenen Thalgrund fliefsende Alt sein?

LVII bis LIX folgt eine Gebirgslandschaft: ein kleineres Thal links und ein gröfseres rechts einen sich hinter einem vorn links liegenden, von Pallisaden auf

---

[1] S. 256. Vgl. S. 260, wo gesagt wird, dafs LVI eigentlich dem Bilde LV voraufgehe. S. 262 dagegen ist es wieder anders.

zwei Seiten umzäunten Dakerhaus d. i. Ort. Römische Reiter reiten im kleinen Thal von vorn nach hinten zu; vorausgegangene Auxiliare zünden den Ort an, und Trajan kommt von hinten im gröfseren Thal hergeritten, von andern Reitern gefolgt; seine rechte Flanke deckt eine vorn neben dem Haus aufgestellte Auxiliarabteilung. Dafs Trajans Weg bergab zu gehen scheint, könnte lediglich Folge der regulären Höhung des Hintergrundes sein. Der Kaiser ist eben im Begriff zwei Brücken zu passieren, die eine von drei, die andre nur von einem Joch. Vor ihm weiter rechts sind wiederum Auxiliare mit Anzünden eines Holzbaues beschäftigt, während aus einem höheren Seitenthal ein Schwarm dakischer Comati mit einer Drachenfahne Trajans Bewegung beobachtet und dadurch zu eiligem Abmarsch, vermutlich nach dem bedrohten Punkt, veranlafst wird. Zunächst sei hier bemerkt, dafs durch die Gleichartigkeit der Vorgänge: das Anzünden von Ortschaften; ferner durch die Beziehungen der Daker zu den Römern, und wieder der Auxilia unten links zu Trajan; endlich durch die symmetrische Anordnung des Kaisers im Centrum zwischen Hausbrand links und rechts, römischem Fufsvolk und Reitern unten links und Dakern oben rechts die Trennung in drei Bilder widerraten wird.

Deren mittleres nun ist dasjenige, wo C. mit Gewifsheit einen bestimmten Punkt im Altthal wiedergegeben sieht: der Zwischenraum zwischen den beiden Brücken soll eine Insel im Alt sein, wie sie zwischen Rimnik und dem Roten Turmpafs nur bei dem Dorfe Robesti vorkomme, S. 267 in zwei Photographien abgebildet; und dafs die Römerstrafse über diese Insel gegangen sei, folgert C. scharfsinnig daraus, dafs eine Stunde südlich von jener Insel noch durch Befestigungen der Lauf der römischen Strafse am linken Ufer bezeugt sei, eine Stunde nördlich der Insel dies durch Beschaffenheit des Ufers völlig ausgeschlossen sei. Man kann auch in der

That das Bild LVI—LIX in die Kartenskizze S. 256 hineinsehen, denkt man sich von den Höhen zwischen Perisan und Voisoara schauend: vorn die Reiter am Thal von Bajesti, die verbrannte Ortschaft bei Copaceni oder Rakovitza, hinter Trajan die Höhen am rechten Altufer. Aber man darf doch auch das Entgegenstehende nicht aufser Acht lassen. Ein Geringeres wäre, dafs die Reiter vielmehr thalauf als -ab zu reiten scheinen. Sehr stark würde für C. ins Gewicht fallen, wenn auf den Höhen über dem rechten Ufer Reste eines Kastells sich fänden. Da C., der jene Gegenden ja wiederholt bereist und offenbar danach gesucht hat, nach S. 288 nichts gefunden hat, spricht dieser Umstand vielmehr gegen ihn. Endlich ist es ja doch keineswegs notwendig, dafs was die zwei Brücken in LVIII trennt, eine Insel sei: es können ja ebensogut die zwei Brücken über Haupt- und Nebenflufs eben oberhalb ihres Zusammenflusses geschlagen sein, und alles Übrige ist so wenig eigenartig, dafs nicht solche Haupt- und Nebenthäler sich vielerorts in jenen Gegenden finden könnten. Den ganzen Weg des römischen Heeres zu bestimmen kann dies unmöglich ausreichen.

LX wird vor dem sich fortsetzenden Gebirgshintergrund ein Lager gebaut und ein gleich orientiertes steht in LXI fertig. Die doppelte Darstellung desselben Lagers, wie C. meint, könnte nur durch den Wunsch verursacht sein, das reich bewegte Bild LX einzuschieben; denn ein bedeutsamer Vorgang spielt erst vor LXI: kniefällig hat ein Pileatus seinen Schild abgelegt und fleht Trajan an. Darin erkennt C. mit Fröhner S. XIII, auch Dierauer S. 89, 1 die bei Dio LXVIII 9 erwähnte Gesandtschaft, als Decebalus zum erstenmal nicht mehr blofs Comati sandte, sondern πιλοφόρων τοὺς ἀρίστους. Trajan sandte daraufhin L. Sura und Claudius Livianus zu Decebalus, und wenn diese nächsten Freunde Trajans richtig sonst gewöhnlich neben ihm erkannt werden, so wird das auch hier der Fall sein; aber an ihrer Stellung schon ihre Bereitschaft, zu gehen erkennen wollen, heifst zu viel sehen wollen.[1] Die rechts aufgestellte Legion, mit Bläsern und Legaten an der Spitze, scheint zunächst eben einzutreffen, und mit ihr der Daker gekommen. Aber woher könnte die Legion hier unfern des Roten Turmpasses Trajan entgegengekommen sein, wenn Trajans Stellung nordwärts gekehrt zu verstehen wäre, sie von Nordwesten oder Westen? Von allen Wegen aus dem Donauthal nach Sarmizegetusa scheint mir keiner, wo eine solche Begegnung schwerer zu verstehen wäre als grade der Rote Turmpafs.[2] Aber wir sollen die Truppe gar nicht als jetzt eingetroffen verstehen, sondern nur als in Paradeaufstellung beim Empfang des Gesandten gegenwärtig, ähnlich wie in XXVII, auch LXXV und Fr. 158 und 172, wo zwar nur wenig Truppen anwesend sind, aber in ähnlicher Stellung innerhalb der Mauer. Dies ist auch XXVII zweifellos, trotzdem der Mauerumrifs unterbrochen ist. Im fraglichen Bilde erkennen wir deutlich eine Korrektur: einmal nämlich liegt links neben dem Adlerträger ein Thor, die Truppe steht also draufsen; wiederum aber geht oben rechts hinter dieser Truppe eine Zinnenmauer her, die, wo jetzt zerstört, einbiegend oder gradezu an dem 'Kulissenfels' geendet haben mufs. Diese Mauer schliefst aber die Truppe ein, und auch neben und über dem Adlerträger ist die Quadrierung so gezeichnet, dafs

---

1 Man vergleiche grad wegen der Stellung LXIV und LXXII, auch XVIII.

2 Dafs es ein seitlich gegen die Engen von Voisoara detachiertes, dann bei Chineni wieder zur Hauptarmee stofsendes Korps sei, ist durchaus unwahrscheinlich. Denn weder an der Richtung ist das zu erkennen, noch war die Detachierung gezeigt, noch räumen die Daker in LIX vor ihnen die Stellung, die sie ja auch nicht zu Trajans Rechter inne haben.

sie nicht als Aufsenseite der andern Thorwand entgegenkommend, sondern nur als Innenseite und zu jenem hinter der Truppe sichtbaren Mauerzug gehörig angesehen werden kann. Folglich war die Truppe allerdings ursprünglich draufsenstehend gebildet und hat vielleicht infolge des Mifsverständnisses des Ausführenden jenes Aussehen einer eben eintreffenden gewonnen; durch Korrektur aber ist sie in die Mauer hereingezogen, und dadurch die andre Auffassung ausgeschlossen.

LXII zeigt uns in ausgedehntem Bilde vorn ein römisches Lager, von Posten rings bewacht, und durch eine vorn links unter Bedeckung ankommende Proviantkolonne versorgt. Zwei Ochsen, höher zwischen den Bergen nur mit den Köpfen sichtbar, hält C. für Ure;[1] doch läfst ihre Stellung, trotz fehlenden Jochs, eher an Zugtiere denken.

Die Hauptsache im Bilde sind oben im Gebirge vier durch Senkungen sichtbare Rundbauten, je mit pappelartigen Bäumen zur Seite. Gegen diese Bauten sieht man, ungefähr von der Mitte aus sich teilend, römische *loricati* kampfbereit, wie des Feindes gewärtig, vorgehen; aber kein Feind ist zu sehen, und verlassen stehen die Gebäude.[2] Diese hält C. für Festungstürme, in grofser Entfernung voneinander zwischen den Hauptgipfeln des höchsten Gebirgskammes belegen (S. 283), eine Auffassung, die weder mit der Form der Gebäude, noch mit ihrer, auch aus dem Vorgehen der Soldaten

---

[1] Auch das wäre also auf die Marcussäule (S. 58) übergegangen. Dort wären aber diese Tiere in jeder Beziehung, soweit noch zu sehen, besser charakterisiert. Die zwei Köpfe an der Trajanssäule sind kaum gröfser und auch durch Behaarung, die C. geltend macht, nicht wesentlich verschieden von den andern Rindern.

[2] C. meint S. 285: die Besatzung habe sich, 'auf mehreren Seiten von den Römern eingeschlossen, nicht halten können' und S. 286 spricht er gar von Eroberung dieser Festungen. Wo ist davon etwas zu sehen?

zu erkennenden geringen Entfernung voneinander, noch endlich mit dem 'das Gebirge auf Hunderte von Kilometern allein durchbrechenden Roten Turmpaſs' (C. S. 284) sich reimen läſst. Es ist nur zu wahrscheinlich, daſs das, was der eigentliche Grund dieser Annahme ist, nämlich die Einsenkungen, in welchen die Rundtürme zu stehen scheinen, nur wie z. B. LXVII das Mittel sind, die hoch im Bilde liegenden Gebäude sichtbar zu machen. Die eigentümlichen Zacken und scharfen, weglosen Ränder eben an den tiefsten Stellen der Einsenkungen zeigen, daſs es nicht Paſswege sind. Was sollten aber auch Türme nützen, die nur Klappfenster im Dach nach den Seiten zu haben, und Thüren auf der feindlichen Seite; die nirgends einem Verteidiger einen Stand und Möglichkeit zu Beobachtung oder zur Abwehr geben? Für bloſse Unterkunft von Feldwachen sind die Gebäude aber augenscheinlich zu kunstmäſsig. Welcher Philologe wird aber nicht Protest erheben dagegen, daſs auf diese Gebäude die Worte Dios LXVIII 9, 3 bezogen werden ὁ δὲ Τραιανὸς ὄρη τε ἐντετειχιςμένα ἔλαβε καὶ ἐν αὐτοῖς τά τε ὅπλα u. s. w.? Denn ὄρη ἐντετ. können doch nur entweder ὄρη in τείχη, oder τείχη in ὄρη hineingebaut bedeuten,[1] jene etwa LXV, diese XXV zu sehen. In einem wie im andern Fall bleiben τείχη etwas ganz andres als diese Tholen. Pollens Grabtempel scheint mir eine weit annehmbarere Deutung derselben.[2] Eigent-

---

[1] In ähnlichem Verstande wie Thuc. die einzige Stelle, welche die Lexika für das Wort anführen, dasselbe medial gebraucht, es hier passiv zu verstehen: Berge, die durch Ummauerung eingenommen, hätte an sich keinen Sinn, und wird auch dadurch verboten, daſs ἐν αὐτοῖς nur auf den Begriff τεῖχος bezogen werden kann.

[2] Offenbar das Ungeeignete dieser Gebäude für Verteidigungszwecke selbst empfindend, hat C. an einigen sicheren Befestigungsbauten Ähnlichkeit mit diesen hier entdecken wollen, die in Wirklichkeit nicht vorhanden ist. Vgl. zu LXIII und LXVII.

liche Tempel, wenn die Thraker solche hatten, können wir uns kaum so denken, aber vielleicht nach griechischer Weise — wie ja auch die Bauformen griechisch sind — Schatzhäuser bei den Heiligtümern: es sind ja vier wie die Götter der Thraker bei Herodot V 7.

LXIII marschiert Trajan an der Spitze von Legionaren und Garden in einem Thale aufwärts, in der rechten Flanke von einer Abteilung Auxiliare gedeckt, in der linken von einer Bergfeste, welche C. für eine Dakerburg, nach Art der in LXII gesehenen, hält, die von den Römern umgebaut sei. Da hier von Rundung nichts zu sehen, vielmehr Eckigkeit gewifs ist, bleibt nur die für ein römisches Kastell ungewöhnliche[1] Thür, die hier vielleicht auch nur durch Gedankenlosigkeit des Ausführenden aus dem Nachbarbild eingeschwärzt ist. Trajan ist eben mit seinen Begleitern am Rande einer Höhe angekommen. Wer Trajans Stellung und Begleitung in den Schlachten LXVI, LXVIII vergleicht, wird schwerlich des Fensters und des Baumes wegen, der ja auch auf der andern Seite neben dem Trennungsmann steht, beide Bilder scharf trennen. Aber freilich in

LXIV sind es, durch ihre eigentümliche Haarfrisur und die zügellos gerittenen Rosse sicher erkannt, die maurischen Reiter des Lusius Quietus, vor welchen nach offenbar kurzem Widerstand, wahrscheinlich durch die ungewöhnliche Erscheinung der Reiter erschreckt, die Daker fliehen. Von Lusius Quietus aber, dessen Verdienste er LXVIII 32 nur im allgemeinen hervorhebt, sagt Dio 8, 3, dafs Decebalus endlich nachgab, als Trajan τοῖc τῶν Δάκων βαcιλείοιc ἐπέλαcεν, ὅ τε Λ. Κ. ἑτέρωθι προcβαλὼν καὶ ἐφόνευcε πολλοὺc καὶ ἐζώγρηcε πλείοναc. Also eine gewisse Selbständigkeit ist dem Angriff des Lusius Quietus zuzuerkennen; aber wie weiten Spielraum

---

[1] Vgl. jedoch LI f. und besonders Fröhner 132.

gestattet das ἑτέρωθι? Können wir ihn auf einem ganz andern Wege, nach C. nämlich über den Vulkanpaſs gegangen denken, und dort schon verhältnismäſsig nahe bei Sarmizegetusa siegend, während Trajan noch mindestens viermal so weit entfernt ist? Dem scheint mir die andre Stelle Dios zu widersprechen, wo es heiſst, daſs auf Trajans Bitten der Maurerfürst ἦλθε τε πρὸς αὐτὸν αὐτεπάγγελτος. Und nun nötigt doch auch die Säule zu der Annahme, daſs, ähnlich wie die Daker LIX aus der Ferne Trajans Operationen beobachten, so hier Trajan von erhöhtem Standpunkt diejenige des Lusius Quietus. Lag ein ganzes breites Gebirge zwischen ihnen, wie zwischen jenen Pässen, so war das unmöglich.

Aber auch das Bild selbst hat C. nicht richtig gesehen. Eigentümlich ist, daſs grade das Terrain, auf welchem dieser Reiterangriff ausgeführt wird, durch nicht weniger als drei Höhenzüge in eine Anzahl von Thalmulden zerteilt erscheint, in denen der Länge nach Verfolgung und Flucht vor sich geht. Und doch macht sowohl der Angriff wie die Flucht einen so einheitlichen Eindruck, daſs man unmöglich mit C. sagen kann: 'es wird also eine ganze gröſsere Gebirgsstrecke von ihnen systematisch abgesucht und vom Feinde gesäubert'; und noch gewisser ist es eine Täuschung des Auges, wenn er die Daker bergab fliehend, und wenn er auch hier wieder Decebalus anwesend sehen will. Jene trennenden Höhenzüge finden sich in den nächsten Partien des Reliefs häufiger, und es ist daher wohl die Frage aufzuwerfen, ob hier nicht Rücksicht der Arbeitsersparnis maſsgebend gewesen, mehr als die Absicht wirkliche Höhenzüge darzustellen,[1] die augenscheinlich nicht erheblich sein konnten. Man sieht, wie viel einfacher es war, die

---

[1] Vgl. unten zu LXXIV f.

unteren Teile der weiter im Grunde befindlichen Reiter auf solche Weise verschwinden zu lassen.

LXV ist ein scharf abgesondertes Bild, mit dem folgenden dagegen durch die Stellung des zu LXVI gehörenden Trajan verbunden. Während Auxiliare links im Laufschritt, wohl von einer Streifung ankommen, bauen Legionare ein langgezogenes Festungswerk, das auch zweier innen anstehenden Höhenzüge und eines dritten die Vordermauer tragenden (vgl. zu XX) oder von innen stützenden wegen, nicht für ein Lager, sondern für eine ausgedehntere Anlage zu halten ist. Soweit hat C. entschieden recht; aber dafs die zwei langen Mauern ohne seitliche Verbindung seien, wird durch das Thor an der Seite widerlegt, und an der entgegengesetzten Seite ist die Umbiegung rechts gleichfalls angegeben, links neben der markierten Ecke bei der Ausführung die Quadrierung, wie sonst oft, z. B. X S. 16, 1, vergessen.

Die hintere Mauer nun als Thalsperre zwischen den zwei eingeschlossenen Höhen zu verstehen ist schier unmöglich; undenkbar m. E. auch, dafs die Sperre des zwischen jenen Höhen durchgehenden Thalwegs so angelegt wäre, wie C. in der Skizze 55 andeutet. Das ganze Werk aber in der Fig. 56 skizzierten Gegend, beim Einflufs des Cibin in den Alt zu denken, hindert aufserdem noch der Umstand, dafs vorn und links wohl ein Graben ausgehoben wird, aber nichts von jenen Flüssen zu sehen ist. Dafs auf jenen Punkt zwischen Boicza und Talmesch das Terrain des Bildes 'genau passe' vermögen meine Augen absolut nicht zu sehen.

LXVI, die grofse Schlacht schliefst sich, namentlich durch die Stellung Trajans vor dem Lagerbau, so unmittelbar an das vorige Bild an, dafs es allerdings sehr nahe liegt, das dort im Bau begriffene und das hier fertige, mit Artillerie bewehrte Kastell mit C. für dasselbe zu halten; also wird der Abschnitt der linken Seitenmauer auch hier nur den Thoreinschnitt bedeuten; und jedenfalls ist von Alt und Cibin auch hier nichts zu sehen. Beim verstehenden Sehen dieses offenbar sehr individuellen Schlachtbildes fühle ich mich immer weniger im stande, C. zu folgen, finde immer verfehlter das Bemühen, einer vorgefafsten Meinung zuliebe, d. h. unrichtig zu sehen. Wieder gebietet die Komposition LXVII, was C. abtrennt[1] zum Bilde zu ziehen. Scheidet man diesen Teil ab und weist man die oberen Figuren von Pl. 169 bis 171 mit C. einem weit abgelegenen, nur äufserlich mit dem Bild vereinten Schauplatz zu, so ist das Mifsverhältnis der sieben angreifenden Daker zu der gewaltigen Übermacht der Römer gradezu schreiend.

Die Römer haben eine feste Stellung; ihr linker Flügel hat Rückhalt an der geschützbewehrten Festung, der rechte gleichfalls an Artillerie, teils in Verschanzungen aus kreuzweis gelegten Balken,[2] teils frei aufgefahren. Vor jenem schwärmen gepanzerte, langröckige Schützen aus, vor diesem reguläre und irreguläre Auxilia, Keulenträger vorn, hinten Schleuderer, von C. scharfsinnig als balearische bestimmt, während im Centrum schwere Linieninfanterie in Reserve steht. Wie die römische Kampflinie sich von links oben nach rechts unten vorschiebt, so die dakische von rechts unten nach links oben. Sie haben Rückhalt am Walde, vor dem sich ihre feste Stellung bis nahe zur römischen hinzuziehen

---

1 Die drei S. 316 dafür angegebenen Gründe sind alle gleich nichtig: 1. der Trennungsbaum, einer unter vielen ist, nur an C.'s Trennungsstrich kenntlich; 2. das verschiedene Niveau trennt den ersten Baumschläger nicht mehr von seinem linken Nebenmann als von seinem rechten; 3. das Gebirge beginnt nicht über dem Trennungsbaum, sondern hat da seine höchste Spitze, verschwindet links am Hinterkopf des vorletzten Dakers, und setzt sich links an der Schulter des vordersten wieder fort.

2 Die spitzen Dinge darauf sind nur frisches Laub — wohl gegen Anzünden ein Schutz.

scheint. Während die römische Stellung nirgends an Bodenerhebung Anhalt hat, aufser dafs Trajan auf einer Anhöhe steht, und daraus auch die Holzschanzen sich erklären, ist die dakische Stellung in sehr bemerkenswerter Weise von Erhebungen durchzogen, die im Hintergrunde und nach rechts immer mehr ansteigen und hier zuletzt in fernerem Hintergrund, der römischen Festung entsprechend ein grofses festes Kastell und einen kleineren Bau mit Pfahlwerk tragen, hinter welchem erst die unzweideutige Bildgrenze sich findet. Dafs die Daker von der Höhe herab kämpfen, zeigt sich am deutlichsten bei den zwei das Sichelschwert Schwingenden (Pl. 168 oben). An der Stelle nun, wo C. im ganzen Zusammenhang seiner Betrachtung diese Schlacht ansetzen mufs, nämlich nördlich von Talmesch, ist ein Gebirge im Rücken der Daker nicht ausfindig zu machen; hier würden vielmehr die Römer solchen Rückhalt gehabt haben. Darum ohne Zweifel hat C. die ganze obere Reihe der Daker, wider allen Augenschein, abgesondert und in ein fernes Gebiet, auf die Strafse von Mühlbach nach Hermannstadt versetzt, so dafs uns also zugemutet wird, im vorderen Teil des Bildes, als schauten wir von Süd nach Nord, den unteren Höhenzug für das das obere Altthal nach Norden zu begrenzende Mittelgebirge anzusehen; den höheren aber weiter hinten als die von Norden angeschauten Mühlbacher Karpaten. Füge ich gleich noch hinzu, dafs uns ferner zugemutet wird, die Erhebung, welche sich vorn 169/70 zwischen die linkshin eilenden Daker schiebt, für eine von den Römern besetzte Höhe zu halten, und zwar für nichts weniger als die in Fig. 55 und 56 gezeigte Landskrone, so ist wirklich eine Unsumme von Unglaubhaftem gehäuft. War früher eine solche Befestigungsanlage, wie sie C. in Fig. 55 skizziert, schwer zu begreifen, so jetzt noch weniger, warum sich die Daker die schwierigste Stelle zum Angriff ausersehen hätten, als ob die Flüsse Cibin und Alt gar nicht vorhanden wären, wie sie allerdings im Bilde nicht vorhanden sind. Nicht zu begreifen wäre auch, wie die römische Befestigung in Fig. 55 und in Bild LXV die Landskrone einschliefsen, in LXVI dagegen weit dahinter liegen soll, ohne Berg, ohne Flufs.

Den wirklichen Grund der unhaltbaren Auffassung namentlich der rechten Bildhälfte habe ich vermutungsweise bezeichnet; die von C. angegebenen Gründe sind bis auf einen sämtlich nichtig, und dieser eine findet leicht zutreffendere Erklärung.

Erstens: die Daker der oberen Reihe sollen langsam und gemächlich marschieren, nicht eilen wie die unteren; aber man braucht nur die bewegten Arme — die Beine sind ja verdeckt —, die Kopfwendungen, vor allem die Haltung der Drachenfahne und der *vexilla* anzusehen, den zurückwehenden Mantel des letzten und die entgegengesetzte Bewegung des zu jenen festen Plätzen rückwärts Eilenden ins Auge zu fassen, um sich rasch vom Gegenteil zu überzeugen.

Zweitens: sie eilen auf das Geschütz zu, und dieses sei gar nicht auf die Römer gerichtet, werde auch nicht von den zwei Dakern dahinter bedient, da ein Berg dazwischen sei; endlich sollen die zwei Pappeln links daneben hier wie überall scharfe räumliche Trennung veranschaulichen. Hier ist entweder falsch gesehen oder auf Nebensachen Gewicht gelegt, die Hauptsachen unbeachtet gelassen.

Richtig ist, dafs das Geschütz nicht auf die Römer gerichtet ist; aber da die Richtung desselben wie sie ist, sinnlos ist, auch durch die Stellung der zwei Leute dahinter, die zweifellos die typische aus zwei Leuten bestehende Bedienungsmannschaft sind, widerlegt wird, so ist hier ein einfaches Versehen des Ausführenden anzuerkennen: der Kanal für das Geschofs ist — wie bei den römischen Geschützen desselben Bildes vorn — rechts statt, wie es hier sein mufste, links anliegend gebildet. Pappeln sind hier statt andrer Bäume gewählt, um nicht mit ausgebreiteten Zweigen jene Artilleristen zu verdecken. Genug, die obere Dakerreihe mit ihrer ganz parallelen gleichartigen Bewegung, ist von der unteren nicht zu trennen. Übrigens sieht man ja auch nicht blofs eine, sondern mehrere solche von unten rechts nach oben links sich hinaufziehende Barren, deren einzelne Spitzen auch noch zwischen den Auxilia auf 168 aufragen, weiter links nicht mehr; und es ist eine aus der ganzen Darstellungsweise hervorgehende Unklarheit, dafs die dazwischenliegenden Mulden sich nicht alle gegen die Römer zu öffnen scheinen, die Barren sogar, wie z. B. vor dem dakischen Geschütz, zugleich als Deckung, also quer zur Bewegungsrichtung gedacht scheinen. Im grofsen und ganzen kann aber nicht zweifelhaft sein, dafs, wie die vordersten Daker mit dem rechten römischen Flügel handgemein werden, so die zwischen der dritten und vierten Barre es auf den linken Flügel oder seine Umgehung abgesehen haben. Wozu die Daker vorn rechts die Bäume fällen, ist nicht eigentlich ersichtlich, doch rät man, es geschehe zur Versperrung der Zugänge zu den rechts in geringerer und gröfserer Entfernung sichtbaren Dakerfesten. Das Umblicken des einen Baumschlägers und die Rückzugsbewegung des Comatus grade über ihm weist uns den Weg, auf welchem wahrscheinlich die zum Kampf eilenden Daker herankamen,[1] vielleicht aus dem näheren Pfahlwerk die untere, rascher anlangende Reihe; aus den ferneren die obere, noch im Anmarsch begriffene.

---

[1] Hier wahrscheinlicher als in der von Lusius Quietus zerstreuten Schar haben wir wohl die in LIX zum Widerstand an andrer Stelle Abziehenden wiederzuerkennen.

Sehr gut hat C. erkannt, daſs es dieselben beiden Festungen sind, welche in den bald folgenden Bildern LXX und LXXI von den Römern gestürmt werden; und es ist ein lehrreiches Beispiel, wie diese Kunst auch Fernliegendes heranziehen kann mit nur sehr bescheidener Andeutung des dazwischen Liegenden. Anders freilich als C., der in LXVI zwei ganz auseinanderliegende Gegenden in einem Bilde einen möchte, meine ich, daſs hier wie in LXIV nur eine wirklich vom Schlachtfeld aus sichtbare, wenn auch nicht mit allen Einzelheiten sichtbare Berglandschaft gemeint sein dürfte, die von den Römern nicht schon gleich im nächsten Bild angegriffen wird. Vielmehr erst, nachdem in

LXVIII noch ein Lager aufgeschlagen worden, wobei Trajan ein gefesselter Pileatus vorgeführt wird, in

LXIX dann der Weg durch den Wald gebahnt worden ist, stürmen sie

LXX gegen die erste jener zwei Festungen, das hier natürlich gröſser und genauer dargestellte Pfahlwerk, in ungefähr gleicher Aufstellung wie in LXVI; und in

LXXI stürmt dann die Legion, zur *testudo* formiert, die andre Festung, in welcher im letzten Augenblick noch Uneinigkeit sich zeigt, indem ein Comatus, den zwei Pileati vergebens zu halten suchen, hinausstürmt; schwerlich um einen Ausfall zu machen, da seine Rechte waffenlos ist.

So richtig nun aber C. erkannt hat, daſs LXX f. der Kampf sich um dieselben beiden Burgen dreht, welche schon LXVI in der Ferne sichtbar waren, so sehr hat er doch durch gewaltsame Anpassung der Bilder an seine Marschroute Trajans das Verständnis der Bilder wieder gestört. Nicht etwa, daſs man nicht gern mit C. in der durch *testudo* erstürmten Festung, dem einzig in solcher Weise genommenen Platz, das χωρίον ἰσχυρόν erkennte, welches Maximus nach Dio LXVIII 9, 4 eroberte, und dessen Verlust den Decebalus zum Nachgeben bewog.

Ja, auch die scharfsinnige Vermutung, daſs dies eben die hoch in einem Seitenthal des Maros gelegene alte[1] 'dakische Königsburg' bei Muntsche-Gredistye sei, wird man sehr geneigt sein anzunehmen, auch ohne schon von der Begründung mehr zu erfahren, als daſs die dort gefundenen römischen Münzen nur bis zu dieser Zeit herabgehen. Aber freilich, wenn die groſse Schlacht LXVI (nach C.) am Zusammenfluſs von Alt und Cibin geschlagen wurde; sodann das Pfahlwerk LXX im Marosthal unter *Broos*, etwa hundert Kilometer weiter und die Königsburg noch vierzig Kilometer weiter lag, dann muſste freilich Bild LXVII von der Schlacht abgesondert werden. Und doch, zieht man nun, was C. merkwürdigerweise nicht thut, in Betracht, daſs C. ja die obere Dakerreihe in LXVI auf dem Wege von Mühlbach her anrückend versteht, also etwa in der Mitte zwischen Broos und Gredistye einer- und dem Schlachtfeld andrerseits, so fügen selbst unter den Voraussetzungen von C. die Bilder LXVI f. sich wieder zusammen zu einem Ganzen, wo allerdings etwa ein Viertel des langen Weges von Turn-Severin über den Roten Turmpaſs nach Sarmizegetusa in einem Bilde sich darstellen würde. Das kann kein Unbefangener glauben. An den LXX in das Pfahlwerk Hineindringenden sehen zu wollen, daſs hinter dem Eingang der Weg alsbald linksum in ein Seitenthal einbiege, oder daſs die andre Festung LXXI in einer Einsenkung zwischen zwei Bergen,[2] 'weit ab von den Ver-

---

[1] An dieser möchte aber die S. 332 von C. hervorgehobene Konstruktion auffallen, die erst von römischen Baumeistern des Decebalus herrühren soll.

[2] Auch wenn man den wiederum falsch gesetzten Trennungsstrich LXXI/LXXII passieren läſst, ist es doch völlig unmöglich, das Gebirge an die Festung rechts anschlieſsend zu denken, statt es dahinter liegend zu verstehen, wie so oft, z. B. XXVII, XXXIII rechts, XLIII, LVI f.

kehrsstrafsen' liege, das verrät nur die Übermacht des Vorurteils. Durch Ablösung des Bildes LXVII von LXVI wird jenes beziehungslos, wogegen es angeschlossen uns zeigt, dafs, während ein Teil aus dem Bollwerk hinauseilt, den Römern entgegen, andre dahin zurücklaufen, und zu besserer Sicherung desselben Vorkehrung treffen. Der Umblickende allein schon stellt eine feste Verbindung beider Teile her. In der That können wir die nächsten Bilder rasch aufeinander folgend, zum Teil gar gleichzeitig denken. Während die Legionare LXVIII das Lager bauen und weiter vorn rechts das Waldgebirge[1] aufklären, in anderem Thale (oben) Auxilia vorrücken, wird schon vor Trajan, der weiterhin nicht zugegen, hier erhöht vor dem Lager steht wie LXVI und LXXII, Auxilia zur Seite, ein Gefangener geführt, so wie sonst in der Schlacht, und stürmen schon die leichten Vortruppen in ungewöhnlicher Eile voran, offenbar den sich zurückziehenden Dakern auf den Fersen folgend.

LXXII folgt noch ein Gefecht. Trajan steht, wieder mit Auxilia zur Seite und Legionaren vor sich; aber nicht ein Kampf zweier Gegner in fester Stellung ist es, sondern auch hier sind die Daker offenbar in eiligem Rückzug: nur wenige sind es, die noch den verfolgenden leichten Truppen Widerstand leisten; andre bezeichnen gefallen mit ihren Leichen die Rückzugslinie, die sich weiterhin durch ein ganz ähnliches Bollwerk wie LXX hindurch, um die Höhen herum zieht, welche den Römern zur Linken liegen. Dafs diese Rückzugslinie der Daker so in ganz spitzem Winkel gebrochen erscheint, ist nicht wörtlich zu nehmen, sondern durch Reliefzwang zu erklären.

---

[1] Die ein wenig verschiedene Behandlung des Laubes beweist natürlich nicht, dafs dies ein andrer als der LXVI f. gesehene Wald sei.

Daß das Bollwerk einen Thaleingang sperre, ist eine natürliche Annahme, obgleich die flüchtigen Daker wohl zur Linken aber nicht zur Rechten (wie in LXVI) Höhen haben, und beim Bollwerk — und nicht da allein — der Unverstand des Ausführenden Unsinn gemacht hat.[1] Daß wir nunmehr in der Nähe Sarmizegetusas angelangt sind, zeigen die folgenden Bilder, aber zur Fixierung des Lokals reicht doch jene Charakteristik nicht aus, und C.'s Voraussetzung, daß der Marsch und Kampf durch die Ebene des Maros bei Piski am Eingang des Strellthales statthabe, trifft nicht zu. Die vielerlei Unebenheiten des Bodens bedingen die ungleiche Standhöhe der Kämpfenden wie der Gefallenen und könnten blofs als Kompositionsmittel schwerlich verwendet sein, hier so wenig wie anderswo, wenn nicht das Terrain des Kampfplatzes dazu Anlaß gäbe; und da die Verfolgung, wie das Zurückweichen, sich um einen Gebirgsabhang herumzieht, ist das ja auch begreiflich. Jedenfalls ist weder von Maros noch Strell irgend etwas zu sehen; doch LXXIV soll nach C. eine ganz bestimmte, eigenartige Lokalität im Strellthal zeigen, nächst der Alutusinsel in LVIII der Hauptbeweis für die Marschroute, worin ich wieder, wie gleich zu sagen, abweichen muß.

LXXIII, eine Allocutio böte keinen Anlaß zu Bemerkungen, wenn nicht das Lager von C. wieder für eine Thalsperre erklärt würde, weil das Thor die Mauer höher zu denken nötige (!), und das Kastell gegen die S. 344, 2 angezogene Regel an einer Seite von einer überragenden Höhe beherrscht werde. Da diese Höhe

---

[1] So der durch den Eingang des Bollwerks ziehende Bergrücken, der wohl als hinter dem rechten Zaun liegend gedacht war; so auch der aus einem Daker, wie es scheint, zurecht gemachte Römer am Fenster.

mit einer römischen Schanze besetzt, also einbezogen ist, hat dies Argument hier so wenig Bedeutung wie im folgenden Bilde, wo eben der gleichen, an gleicher Stelle liegenden Schanze wegen m. E. dasselbe Lager nur weit mehr ausgeführt und größer dargestellt ist.

LXXIV also soll die S. 349 in zwei Photographien anschaulich gemachte, durch Beschreibung hier — es wird vielmehr auf Bd. I verwiesen —, nicht genügend erklärte[1] Örtlichkeit im Strellthal, *Aquae* benannt, wiedergeben. 'Ein natürliches Felsbassin mit achtzehn Fuß hohen Wänden, auf dessen Boden eine heiße Quelle entspringt. Es hat die Form eines länglichen Vierecks, und aus seiner rechten hinteren Ecke führt ein gewundener Kanal nach rückwärts; durch diesen fließt das Wasser aus dem Bassin ab, läuft dann noch eine Strecke weit auf einen ein bis zwei Kilometer vom Bassin sich erhebenden Berg zu und verliert sich schließlich in sumpfiger Wiese'. Im Relief sehen wir allerdings eine Quelle, und an sie herantretend römische Soldaten, schöpfend, trinkend, andre schon wieder sich entfernend. Daß die Soldaten trinken, selbst Wasser im Gefäß forttragen, die Pferde aber nicht trinken lassen, ist für C. ein Beweis von der besondern Qualität und der Hitze des Wassers, und die besondere Natur des Ortes findet er 'in jedem einzelnen kleinen Zug' mit dem Bilde übereinstimmend, und wenn das Bild nur den Zweck hat 'durch Vorführung eines ganz besonders charakteristischen

---

[1] Die hintere, geschlossene Seite ist wohl in Abb. 62 zu sehen, die vordere gegen die sumpfigen Wiesen sich öffnende in 61, wo also hinten die Felswände aufhören müssen. Der Boden unten scheint nicht von Wasser bedeckt zu sein, da man in 61 darauf eine Leiter liegen sieht, ebenda wo die Quelle zu denken, von deren Lauf im Kanal man nichts sehen würde. Ein längliches Viereck scheint mir das Bassin allerdings weniger zu sein als vielmehr S-förmig gewunden.

Punktes dem Beschauer anzudeuten, in welcher Gegend er sich befindet', so war das ja allerdings nötig. Damit steht allerdings nicht recht in Einklang die Anmerkung S. 348, 2, wo es heifst, 'dafs der Künstler das Bild gewifs nur nach einigen ihm gemachten Angaben fertigen mufste, selbst aber schwerlich das Bassin gesehen hat'. Aber wo bleibt auch nur im allgemeinen Übereinstimmung? Ist es denn nicht sonnenklar, dafs die Quelle im Bilde LXXIV nicht vorn im Bassin entspringt, um hinten in sumpfiger Wiese sich zu verlieren; sondern umgekehrt hinten aus dem Berg hervorquillt, und nach vorn fliefst, das Bassin füllend? Ist nicht auch das klar, dass das Bassin nicht eine natürliche Eintiefung, sondern wegen seiner völlig regelmäfsigen Form eine künstliche Einfassung hat, aufgemauert, wie der Rand des Kanals? Das Wasser ferner ist als heifses nirgends deutlich charakterisiert. Die Pferde trinken allerdings nicht, aber da sie schon wieder fortgeführt werden, ist es erlaubt zu denken, dafs sie getrunken haben. Sollen wir denken, die Soldaten hätten, noch unbekannt mit der Natur des Wassers, die Pferde herangeführt?

Freilich 'dieser Vorgang ist an sich militärisch so unbedeutend und gleichgültig wie nur möglich'. Wassertrinken würde C. 'höchstens einmal in einer ganz wasserarmen Gegend als ein für die Kriegsgeschichte bedeutsamer Vorgang erscheinen' — da sieht man, wie das Säulenrelief für C. nur historische Urkunde, nicht ein Kunstwerk ist; und doch könnte man ihm vielleicht recht geben, wenn er dieses Bild richtig vom folgenden abgetrennt hätte. Denn auch der Künstler stellt nicht bedeutungslose Dinge dar: die Bedeutung der Soldaten an der Quelle wird erst im Zusammenhang des ganzen Bildes einleuchtend werden.

LXXV stellt die Unterwerfung des Decebalus und den Fall Sarmizegetusas dar;

LXXVI den Abzug dakischer Familien aus der Heimat; worauf nur noch

LXXVII eine Allocutio folgt, vor der Victoria zwischen den Trophäen beider Kriege.

Von LXXV nun trennt C., wie auf der einen Seite LXXIV, so auf der andern Seite LXXVI als besondere Bilder ab,[1] ohne freilich ihren engen Zusammenhang mit LXXV zu verkennen. In der That haben wir ein lehrreiches Beispiel eines grofsen, etwa einen halben Säulenumfang umfassenden Bildes, dessen Enden durch zwei Bäume, die eben nichts als Trennungsbäume sind, aufs bestimmteste markiert werden, während zwischen denselben jede andre Scheide fehlt; den Niveauunterschied macht hier selbst C. nicht geltend, nur das verschiedene Terrain in LXXVI. Kein Zweifel, dafs links das römische Lager, rechts die Hauptstadt des Decebalus liegt, und gern will ich mit C. glauben, dafs dazwischen der Eiserne Thorpafs zu sehen sei. Das Hauptbild stellt im Vordergrund den langen Zug der sich unterwerfenden Daker dar, welche von Sarmizegetusa her dem von seinen Offizieren umgebenen Trajan, der vor den in Parade stehenden Truppen auf erhöhtem Sitze thront, nahen, die vordersten zum Teil in stark aufgetragener Devotion kniefällig, die abgelegten Schilde neben sich; weiter einige Flehende mit auf den Rücken gebundenen Händen, zu ausgeprägt dakisch, nicht blofs von Tracht, sondern auch von Physiognomie, um mit C. für römische Überläufer gehalten zu werden, eher für wortbrüchige Daker. Die Ferneren sind noch heranschreitend, mit Fahnen und Feldzeichen — C. sagt mit Unrecht gesenkten —; ganz am Ende dann, hochstehend und alle überragend durch

---

[1] S. 366 kommt die Abtrennung etwas ins Wanken, da C. den runden Turm von LXXIV abtrennt und zum folgenden Bilde rechnet. Wie er da wohl die Trennungslinie ziehen würde?

Größe und Erscheinung einer, den man nicht umhin kann mit C. für Decebalus zu halten.

Diesem Mittelbilde schließen sich, von C. abgetrennt, zwei Seitenbilder von ungefähr gleichem Umfang an, deren Zugehörigkeit schon durch die beiderseits zur Mitte hingehende Bewegung ausgesprochen ist; rechts zunächst die entfestigte Hauptstadt Dakiens mit einigen Häusern drinnen und draußen, und aus der Stadt wie von weiter draußen Daker, alt und jung, Männer, Weiber und Kinder im Abzug, wie C. richtig urteilt, obgleich er eine darauf bezogene Stelle des Dio gewiß unrichtig auslegt.[1]

So aufgefaßt tritt nun aber dies rechte Seitenbild, wie schon äußerlich durch Terrainlinien und Tiere, so namentlich innerlich in einen klaren Gegensatz zu dem linken LXXIV: einerseits die Besiegten im Begriff den heimischen Boden zu verlassen, andrerseits die Sieger nach langer Kriegesmühe zum erstenmal sich erquickend, oder mit Vorbereitungen zur Heimkehr beschäftigt,[2] ein Gegensatz, durch den das letztere Bild nun eben seine Bedeutung und Daseinsberechtigung erhält.

---

[1] Dio 68, 9, 5 werden die dem Decebalus auferlegten Bedingungen hergezählt, darunter der dritte und vierte Punkt τά τε ἐρύματα καθελεῖν καὶ τῆς χώρας τῆς ἑαλωκυίας ἀποστῆναι, der vierte nicht 'Räumung der von den Römern besetzten dakischen Gebietsteile', sondern der von den Dakern besetzten Nachbargebiete. Die von den Römern ἑαλωκυῖα braucht Decebalus, ja vermag er nicht zu räumen; und wer besitzt, muß auch der sein der nahm. Vgl. 10, 3, wo gesagt wird, wie Decebalus Punkt für Punkt das Gegenteil von dem thut, was er versprochen hatte, so vom vierten καὶ τῶν Ἰαζύγων καὶ χώραν τινὰ ἀπετέμετο. Dierauer S. 91 war C. in dem Mifsverständnis voraufgegangen, auch Fröhner S. 22 und S. XIII. Auch Mommsen, wenn R. G. V¹ S. 202 'die Festungen werden entweder geschleift oder den Römern ausgeliefert', die hervorgehobenen Worte jenen griechischen entsprechen sollen.

[2] Es fehlen nur — hier mitten im Lande natürlich — die Schiffe, um das Tragen der Zeltballen noch verständlicher zu machen.

Die Vereinigung der drei Bilder verleiht ihnen aber noch eine andre, wie ich meine, überraschende Bedeutung. Wenigstens war ich selbst lebhaft überrascht, als mir in demselben Augenblicke, da mir die Einheit von LXXIV bis LXXVI klar wurde, plötzlich die Iliupersis des Polygnot vor die Seele trat. Lang hatte mir festgestanden, dafs deren Beschreibung bei Pausanias vom linken Ende beginnt, und zwar aus eben dem Grunde, den ich später auch von Weizsäcker (Polygnots Gemälde in der Lesche der Knidier in Delphi S. 8) geltend gemacht fand, in der That dem einzigen positiven, von subjektivem Empfinden unabhängigen.[1] Das findet nun Be-

---

[1] Völlig unverständlich ist Roberts Argument, Iliup. S. 34, weil Pausanias sage, dafs das Bild dem Eintretenden (mit ἐϲελθόντι ist er übrigens schon etwas weiter) zur Rechten war, wäre es 'eine grenzenlose Absurdität', die Beschreibung des Bildes am linken Ende zu beginnen. Im Gegenteil, wenn etwas, so bedeutet die Wendung zur Rechten eine Wendung von links nach rechts. Ein Positives ist dagegen, und zwar das Einzige, dafs in der Regel ein Beschildeter, nach rechts gewandt, die Innen-, nach links gewandt, die Aufsenseite des Schildes zeigt. Bei Aias' Schild sagt Pausanias nichts, bei Menelaos giebt er das Schildzeichen an: also stand Aias links, Menelaos rechts vom Altar, und da Pausanias zuerst Aias, später Menelaos nennt, begann er links. Das bestätigt sich an dem, was wir jetzt von der Lesche sagen können, nach Homolles Mitteilung im *Bull. d. corr. hell.* 1897 S. 633 (vgl. den Plan 1896, XV). Daraus wissen wir, dafs die Lesche, wie man auch nach σ, 329 und Pausanias οἴκημα und Plinius *aedes*, selbst nach Plutarchs *def. orac.* 6 θύραι und εἴϲω denken mufste, ein Saal war, nicht eine Portikus. Solche aus Plutarchs Worten wie Schreiber, die Wandbilder des Polygnotos S. 43 zu erschliefsen, war Mifsverstand: ἡϲυχία τῶν ἄλλων bedeutet dort Ruhe vor den andern, die eben nicht drinnen, sondern draufsen waren. Auch hatte Robert Marathonsschl. S. 109 sehr gut hervorgehoben, wie unpassend Pausanias' ἐϲελθόντι . . ἐν δεξιᾷ zu solcher Voraussetzung ist. Der durch je vier Stützen dreischiffige Saal, eine Urbasilika (vgl. Lange, Haus u. Halle S. 121), wie die Lesche uns jetzt sich darstellt, hatte in der südlichen Langwand (18 m) die Thür, und wahrscheinlich Fenster. Also konnten die Bilder, rechts

stätigung auch an dem Säulenbilde. Hier liegt das Lager der Römer links, Sarmizegetusa rechts, wie dort links das Griechenlager, rechts Ilion; dafs im römischen Bilde das Lager, im griechischen die feindliche Stadt überwiegt ist Nebensache, aus der ungleichen Bedeutung beider Städte entsprungen. Ein Weib mit Trajan vergleichen zu wollen, mag im ersten Augenblick thöricht erscheinen; aber wie wir uns Helena, die Zeustochter nach Pausanias vorstellen müssen, in siegreicher Schönheit strahlend, bewundert von Freund und Feind; eine Königin, sitzend, bedient von ihren Mägden, deren eine vor ihr kniete, umstanden von solchen, die ihrer Entscheidung harren; weiter die gefangenen Weiber und

---

und links nach Pausanias, nur entweder an den Schmalseiten (je 9 m) sein, oder an der nördlichen Langwand. Letzteres, an sich natürlicher, da dies die Hauptwand war, wird bestätigt durch weitere Bezüge. An dieser Wand gedacht, war die Iliupersis nämlich gegen Morgen, die Unterwelt, wie sich gebührt, gegen Abend. Robert Marathonsschl. S. 110 sagt ferner treffend, dafs jedes Bild ein Aufsen und ein Innen hatte, und naturgemäfs beginne die Beschreibung bei beiden von aufsen: Hellespont in der Iliupersis, Acheron in der Nekyia. Wenn nun beide Bilder an einer, und zwar nicht durch Thür geteilten Wand sich befinden, so können sie selbstverständlich nur die beiden Aufsenseiten gegeneinander kehren, folglich lagen die beiden Aufsen in der Mitte, die beiden Innen an den Enden der Wand, wie Weizsäcker S. 7 f. richtig bestimmte. Damit stimmt vortrefflich, dafs Odysseus ja zu Schiff von Troja, freilich nach langer Irrfahrt, zur Unterwelt kommt, dort Freund und Feind zu finden, und also logisch die Abfahrtsseite von Troja und die Einfahrtsseite der Unterwelt gegeneinander liegen mufsten. Beschrieb Pausanias, wie anderswo aus ähnlichem Grunde, von der Mitte aus erst nach rechts, dann nach links, so war allerdings rechts von der Mitte das Meer und das Schiff des Menelaos, links der Acheron und weiter bald die Gefährten und Odysseus selbst am Eingang, ähnlich wie im esquilinischen Odysseebild, und wie hier mag dort ein Fels Meer und Acheron geschieden haben, der Fels, den schon die Odyssee (κ 515) kennt, am Zusammenflufs von Kokytos und Pyriphlegethon in den Acheron.

dann die erschlagenen Männer, scheint sich doch mehr als ein verwandter Zug in beiden Bildern zu verraten. Dazu nun links im römischen Bilde zwar kein Schiff, auch nicht Zelte, die abgebrochen werden, aber doch die zusammengeschnürten Zeltbündel aus dem bereits zeltlosen Lager herausgetragen; ferner die trinkenden Soldaten, und besonders auffällig derjenige, welcher ein Gefäß voll mitnimmt, für den C. die Erklärung in besondrer Qualität des Wassers sucht. Muſs derselbe nun nicht erinnern an den Ἐχοιαξ διὰ τῆς ἀποβάθρας κατιὼν ... ὑδρίαν ἔχων χαλκῆν, der da hingeht, um Wasser zu holen? Noch schlagender dann ein Gegenstück am andern Ende im einen wie im andern Bilde, zu den zur Heimkehr rüstenden Siegern die aus der Heimat fortziehenden Besiegten: in Troja das eine Haus und die eine Familie Antenors, Männer, Weiber und Kinder, eines auf dem Arm der Mutter, eines auf einen Esel gesetzt; in der Dakerstadt drei Häuschen und mehr Familien, Männer, Weiber und Kinder, eines in der Wanne auf dem Kopfe der Mutter getragen, andre auf den Armen, eines auf den Schultern des Vaters reitend; statt der zwei Esel Polygnots dabei das Herdenvieh.

Und damit noch nicht genug, in der Iliupersis Ἐπειὸς γυμνὸς καταβάλλων ἐς ἔδαφος τῶν Τρώων τὸ τεῖχος, Sarmizegetusas Mauer bis aufs Fundament von zwei Dakern eingerissen, nicht mit den Händen, oder mit einer Lanze, oder mit einem Dreizack, wie den modernen Herstellern der griechischen Bilder für Epeios gefiel, sondern nach ihrer Bewegung — denn die Instrumente fehlen ja meist — mit der für solche Thätigkeit allein geeigneten Spitzhacke.[1] Wie endlich über

---

[1] Auch die Stellung unten am Boden wird man sich für Epeios zu merken haben, statt ihn oben auf die Mauer zu stellen; was aus καταβάλλων ja keineswegs folgt.

der Mauer Trojas noch der Kopf des ominösen hölzernen Pferdes herüberragt, so über die Mauer Sarmizegetusas die Köpfe zweier Daker, deren einer dem andern etwas ins Ohr flüstert, auch dies Geflüster ohne Zweifel ominös. Das Geheimnis kann nicht wohl etwas andres sein als die verräterischen Hintergedanken, mit denen Decebalus seinen Frieden machte, wie Dio LXVIII 9, 4 sagt, οὐχ ὅτι καὶ ἐμμένειν αὐτοῖς ἔμελλεν, ἀλλ' ἵν' ἐκ τῶν παρόντων ἀναπνεύςῃ, Hintergedanken, die in der That nicht feiner dargestellt werden konnten als mit diesen zwei Flüsterern unmittelbar hinter dem Rücken des Decebalus.[1]

Dafs Apollodoros von Damaskos, den man ja gewöhnlich auch für die Säule selbst in Anspruch nimmt, oder ein von ihm Beauftragter für die grofse Aufgabe monumentaler Kriegsgeschichte in Bildern auch die historische und monumentale Wandmalerei der Griechen — wenn er sie nicht schon kannte — zum Gegenstand vorbereitenden Studiums gemacht hätte, kann nicht wundernehmen,[2] da selbst die Pergamener sie des Kopierens wert geachtet zu haben scheinen.[3] Und nicht lange nach Errichtung der Trajanssäule hat ja auch Pausanias jenen Malereien, uns zum Vorteil so viel Aufmerksamkeit zugewandt.

Es ist aber wohl der Mühe wert, hier auf einige Dinge in der grofsen Reliefchronik hinzuweisen, in denen ein Einflufs jener altgriechischen monumentalen Malerei

---

1 Dieselben bestätigen so zum Überflufs die Zusammengehörigkeit von LXXV und LXXVI.
2 Die Ähnlichkeit des Alten, der seinen Knaben vor den Römern zu retten sucht XXIX, mit dem Pädagogen und dem jüngsten Nobiden ist von Fröhner S. 10 und Reinach S. 46, 3 bemerkt worden. Merkwürdiger Zufall, dafs man dem Pädagogen den Kopf eines Dakers aufgesetzt hat?
3 Vgl. Fränkel im Jahrbuch 1891 S. 49 f., 53.

in der That wahrzunehmen ist, womit dann auch der eben dargelegte Vergleich des Falles von Sarmizegetusa mit der Iliupersis etwas von dem Überraschenden verliert, das eher Zweifel als Zustimmung wecken könnte.

Eine Hauptsache, die beim Vergleiche der Iliupersis mit Sarmizegetusas Fall noch nicht besonders hervorgehoben wurde, ist die Symmetrie der Komposition eines grofsen Mittelbildes mit zwei gegensätzlichen Seitenbildern, eine Kompositionsform, wie sie die hohe Kunst des 5. Jahrh. auch in ihren Giebelgruppen ausgebildet hatte. An der Trajanssäule waren in der hier gegebenen Übersicht wiederholt von C. getrennte Teile zu solchen grofsen Bildern zusammenzufügen, wobei gleich auf die Kompositionsweise aufmerksam gemacht wurde. So XL, XLI: die grofse Schlacht an Stelle des nachmaligen Nikopolis, mit links der Pflege römischer Verwundeter, rechts dem Haufen dakischer Toter; so XLVIII—L: der Marsch durch die Parallelmauern, mit links dem Ausmarsch vom Kastell über die Brücke, rechts dem Empfang durch den vom Bergkastell herabkommenden Trajan; so ferner LXVI f.: wieder eine Schlacht mit links römischen, rechts dakischen Festen und Schanzen; und so auch kleineren Umfangs LVII—LIX: der über die Brücken reitende Kaiser zwischen links und rechts angezündeten Dakerorten. Ja, es scheint fast, dafs auch ganz getrennte Bilder durch solche Anordnung in eine gewisse Beziehung gesetzt worden seien, wie die grofse Lustration VIII mit links VI VII, rechts IX zu einer gewisseren äufserlichen Einheit zusammengebunden werden.

In mehreren dieser gröfseren Kompositionen macht sich nun aber auch dieselbe so zu sagen erzählende Darstellungsweise bemerklich, die aus ältesten Zeiten sich herleitet, deren bewundernswertestes Beispiel immer der

Parthenonsfries bleibt. Die Bildchronik der Trajanssäule, als durchweg mit ihrer Bilderreihe der Entwickelung der Ereignisse zu folgen bemüht, kann hier nur insoweit in Betracht kommen, als innerhalb desselben Bildes ein Fortschritt der Handlung wahrzunehmen ist, also z. B. Angriff, Kampf und Flucht des Gegners in der grofsen Schlacht von Nikopolis; ähnlich auch beim Angriff der maurischen Reiter XLV, oder jener Marsch von der Burg über die Donau XLVIII f. Das erinnert an die Polygnotische Marathonschlacht, wo ja auch Götter und Heroen anwesend und zum Teil mitwirkend sind, wie Juppiter in der Schlacht von Tapai. Steht auch der Trojanische Krieg im Fries von Trysa - Gjölbaschi unter dem Einflufs jener ionisch-attischen Monumentalmalerei, so darf auch die grofse Ähnlichkeit des Mittelstücks (Benndorf-Niemann Taf. XII, A 7, 8 B 9) mit der bestürmten Dakerburg LXXI geltend gemacht werden, die, trotz des grofsen Unterschieds zwischen griechischer Freiheit und römischer Disciplin, nicht entgehen kann.

Endlich noch ein wichtiges Moment der Darstellungsweise. Es ist in letzter Zeit viel gestritten worden über die höher und tiefer stehenden Figuren in den Polygnotischen Gemälden. Gegen Robert,[1] der sowohl in diesen als in gewissen von ihm herangezogenen, von jenem Stile beeinflufsten Vasenbildern diese Höhenunterschiede als Nachbildung wirklicher verstand, erkannte Schöne darin vor allen eine primitive Perspektive, welche das Hintereinander, dem Hintergrunde zu, als Übereinander darstellt. Dafs daneben auch wirklicher Unterschied der Standhöhe in ähnlicher Weise dargestellt worden sei, leugnete Schöne keineswegs; doch Über-

---

[1] Vgl. dessen Marathonsschlacht in der Poikile S. 82 f., Schöne, Jahrbuch 1893 S. 193 f.

schneidungen durch Terrainwellen war er weniger geneigt als Robert zugegeben. Da scheint es nun doch höchst beachtenswert, dafs wir im Relief der Trajanssäule, das uns soeben durch einen Reflex eines der Hauptwerke Polygnots überrascht hat, eben jene Art der Perspektive in konsequentester Weise angewandt finden, welche Robert für Polygnot aus Pausanias und jenen Vasenbildern erschlossen hat. Allerdings ist auch im Säulenrelief nicht selten das Übereinander zweifellos als wirkliche Verschiedenheit der Fufsbodenhöhe zu verstehen; aber wer das ganze Relief darauf hin durchgeht, wird sich überzeugen, dafs dies viel weniger häufig ist als das andre. Und damit nicht genug, auch das strittige Verschwinden der unteren Teile von Figuren hinter 'Terrainwellen' kommt im Relief nicht selten vor. In vielen Fällen der Art wie XLI, LVII f., LXII, LXV f., LXIX, LXXII, LXXVI scheinen wirkliche Höhen gemeint, hinter welche der Darsteller teilweise den Blick eröffnet. In einigen aber scheinen diese Wellen mehr ein Mittel, sich und dem Beschauer Mühe zu sparen, sich, ein wirres Durcheinander von Gliedmafsen zu zeichnen und auszuführen, dem Beschauer, sie zu entwirren. Meistens sind allerdings durch die Leiber der tiefer stehenden Figuren die Beine der oberen verdeckt, öfters wie z. B. C. Pl. 49 f. und LXVI mit Zuhilfenahme der Schilde, und nicht immer genügt die untere Deckung; denn öfters sind auch ohne solche Deckung Teile höher stehender Figuren unten einfach weggelassen, wo sie eigentlich sichtbar sein müfsten. Dafs die Terrainwellen namentlich im Bild der maurischen Reiter LXIV und einigen folgenden häufiger werden und ausgiebig benutzt werden, um lästige Überschneidungen von Gliedmafsen zu meiden, wurde schon vermutet; jetzt in diesem Zusammenhang und beim Hinweis auf verschiedene jener Vasenbilder,[1] darf die Vermutung nachdrücklicher sich hervorwagen.

Wer nun meinen wollte, solche Darstellung an der Trajanssäule stehe nicht vereinzelt, auch in römischer Kunst da, der hat nur insofern recht, als allerdings nachtrajanische Kunst in gleicher Weise verfährt, so vor allem die von der Trajanischen so abhängige Marcussäule;[2] aber freilich nicht ohne dafs das Übereinander von freierer Gruppierung im Trajanischen Relief hier zu einfacher Übereinanderreihung erstarrt wäre, ein ähnliches Nachlassen des Wollens und Könnens, wie es die unteritalischen Vasen gegenüber jenen 'Polygnotischen' zeigen.

Vor Trajan dagegen ist diese Darstellungsweise der römischen Kunst, so viel ich sehe, fremd: auch im Fries des Nervaforums und in den esquilinischen Grabgemälden, die Brizio, *Pitture e sepolcri scoperti sull' Esquilino* 1876 und Robert, *Annali* 1878 S. 234 und *Monumenti* X 60 f. herausgegeben haben, ist sie nicht zu erkennen, eher vielleicht auf den andern, von Visconti im *Bullett. comunale* 1889 Taf. XI, XII veröffentlichten, aber zu fragmentarisch erhaltenen. Die Reliefs vom Claudiusbogen (*Mon. ined. d. Inst.* X 21) mit ihren dicht übereinander gestellten Köpfen von Soldaten ähneln zwar sehr gewissen Bildern der Allocutio an der Trajanssäule, wie X, XXVII, XLII, aber blofs dieser wegen würde man auch an der Trajanssäule Studium Polygnotischer Vor-

---

[1] Man vergleiche z. B. den Bologneser Krater (Ant. Denkw. L 35 oder Robert, Nekyia S. 41), wo durch solche 'Terrainwelle' dem Triton, Theseus und Amphitrite vor dem Sonnengespann, und wiederum dem Dreizack Poseidons vor der Dreifufssäule ruhiger Hintergrund geschaffen ist. Ähnliches findet man auf dem Atalantekrater *Mus. ital.* II, II A, und auf der Parisvase. *Compte rendu* 1861 T. III.

[2] Vgl. Die Marcussäule S. 42.

bilder kaum annehmen, wie es doch nach allem, was dargelegt wurde, scheint angenommen werden zu dürfen. Wir müssen nach dieser kunsthistorischen Abschweifung aber auch noch auf den historischen Gehalt des Bildes zurückkommen. Durch die Vereinigung von LXXIV—LXXVI ist die Unmöglichkeit, im ersten dieser drei Teile die Lokalität von *Aquae* zu erkennen noch deutlicher geworden — man müfste denn auch das Lager und die Stadt dahin verlegen. Diese ist nun aber wohl durch den Vergleich der Iliupersis ebenfalls noch gewisser als Sarmizegetusa erwiesen. Dort also ist auch das Lager mit dem wohl erst von den Römern so gefafsten Quell zu denken. Mit schräg zurückweichenden Fronten liegen sich das römische Lager, grofs und breit, und die dakische Hauptstadt, fast schon offen, gegenüber. Das Römerlager lehnt sich mit seiner linken Flanke an Berge, deren nächste Kuppe einbezogen und mit einer Schanze versehen ist, ein so charakteristischer Zug, dafs seinetwegen, trotz der vorhandenen Unterschiede, das Lager in LXXIII und in LXXV für dasselbe zu halten ist. Die entgegengesetzte Lagerseite scheint mit der vorderen Ecke in der Ebene zu liegen, auf der hinteren durch einen an den Höhen stehenden, zugleich den Quell deckenden Turm geschützt. Wenn aber so belegen, so ist das römische Lager im Südosten von Varhely zu denken, nicht im Nordwesten, wo C. es ansetzt, in dessen Skizze S. 356 grade der nordwestliche, zu der von C. supponierten Marschrichtung passende Teil zugesetzt ist. Kam Trajan, wie C.'s Meinung ist, vom Maros her durch das Strellthal gegen Varhely gezogen, so würde er vielmehr mit der rechten als mit der linken Flanke sich an Höhen gelehnt haben. Das wäre im Relief schwerer aber nicht unmöglich darzustellen gewesen. Wie es nun einmal dargestellt ist, scheint es weit einfacher, das grofse Bild LXXIV f. mit Sarmize-

Resultat: das Jahr 101.

getusa rechts, dem römischen Lager links, als von Osten her gesehen zu verstehen; desgleichen den vorausgegangenen Kampf LXXII als um die südlich die Ebene um Varhely begrenzenden Höhen sich herumziehend; die grofse Schlacht LXVI f. etwa bei Petroszeny, wo dann weit besser als bei Talmesch, wie C. wollte, im Hintergrunde schon die Dakerfeste bei Muntselu-Gredistye — wenn sie es wirklich ist — gezeigt werden konnte. Doch, weiter zurück etwa im Relief die Route über den Vulkanpafs nachzuweisen, kann ich mich nicht anheischig machen. Zu einer Kooperation der seit dem Jahre 101 vorm Eisernen Thorpafs stehenden römischen Truppen ist es nicht gekommen: die Furcht davor wird eben Decebalus zum Nachgeben bewogen haben. —

Kurz zusammengefafst ist also das Ergebnis, welches durch das Studium der Trajanischen Bildchronik für den ersten dakischen Krieg gewonnen wird, folgendes: Im ersten Feldzug (des Jahres 101) gehen zwei römische Armeen über die Donau, die Westarmee von Trajan selbst geführt von Viminacium aus bei Lederata, die Ostarmee etwas oberhalb Kladova. Die Schilderung begleitet natürlich die erstere, die wir mit Wahrscheinlichkeit über Apus, Arcidava, vielleicht auch Berzobia bis etwa Aizis verfolgen können. Dann wird uns die Ostarmee in ihrem Marsche, mutmafslich durch die Teregovaer Schlüssel, auf den letzten Stationen vor ihrer Vereinigung mit der Hauptarmee gezeigt. Vereint werfen dann beide Armeen den hier zum erstenmal sich ihnen stellenden Feind bei *Tapae* und nötigen ihn, hinter seine Verteidigungswerke dort im Eisernen Thorpafs zurückzugehen. Mit der Sicherung dieser Zugänge begnügt sich Trajan für dies Jahr. Auf dem Rückweg zur Donau werden noch, vielleicht in weiter westlich liegenden Landstrichen widerspenstige Daker gezüchtigt, freundlich gesinnte zur Übersiedelung mitgenommen.

Im Winter ist Trajan wahrscheinlich an der Donau geblieben, um den Bau der festen grofsen Brücke zu betreiben, deren Endbogen bereits fertig dastehen, als Trajan, durch eine Invasion sarmatischer und dakischer Schwärme, welche vielleicht nicht blofs auf Raub ausgingen, sondern auch die Römer von den Hauptangriffspunkten abzuziehen beabsichtigten, gerufen, sich in *Pontes* zur Fahrt donauabwärts einschifft. Dafs der gewaltige Brückenbau nicht blofs zu Beginn des zweiten Krieges fertig, sondern auch vorher schon in seinem Werden uns vor Augen gestellt, und damit als ein unmittelbar an den bekannten Bau der Donaustrafse im J. 99 anschliefsendes Werk erkannt wird, scheint mir ein bemerkenswertes Stück dieses Ergebnisses. Von *Novae* aus oder einem andern Hafen Niedermösiens ereilt Trajan dann bald die Feinde: die flüchtigen Sarmaten werden mit Verlust verjagt, den Dakern der Rückweg abgeschnitten und ihre beiden Scharen, die letzte in einer Hauptschlacht, vernichtet oder gefangen. Die Gründung von Nikopolis sichert die hier noch zu offene Provinz und verewigt das Andenken der trajanischen Siege. Danach kehrt Trajan zum Brückenwerk zurück, hier weilend bis zum Beginn der zweiten Kampagne (102).

Wo im ersten Jahr die Ostarmee, da geht die für jetzt einzige römische Armee auch zu Beginn der zweiten Kampagne wieder über die Donau, aber nicht auf Teregova, sondern zweifellos weiter östlich, um die dakische Hauptstadt, wie im ersten Jahr von Westen, so jetzt von Osten her zu blockieren und event. durch gleichzeitigen Angriff von beiden Seiten her einzunehmen. Ob Trajan zu diesem Ende den weiteren Weg durchs Altthal genommen, wie C. zu erweisen versucht, aber nicht vermocht hat, oder den näheren über den Vulkanpafs, wie hier vermutet worden, bleibe dahingestellt. Zweifellos erkannten wir den ersten Krieg mit dem zweiten

Feldzug beendet durch Unterwerfung des Decebalus und den Fall Sarmizegetusas. — Wenn diese Auseinandersetzung auch vielfältig Cichorius widersprechen mufste, so bleibt für das, was darin besser erklärt und richtiger dargelegt befunden werden wird, doch im wesentlichen ihm das Verdienst, da ohne seinen energischen, ob auch oft verfehlten Versuch, dem Bildwerk Sprache abzuringen, auch der Widerspruch unterblieben, und dieser neue Anlauf anders als auf seiner Grundlage kaum gemacht worden wäre, wie auch die Fortsetzung nur darauf gemacht werden wird.

Anm. zu S. 39, 2. Gefällige Mitteilung aus Belgrad konstatiert ausgedehntes Gemäuer sowohl rechts als links vom Brückenende auf serbischem Gebiet. Doch könne ohne Ausgrabung die besondere Art der Bauwerke nicht erkannt werden.